Índice

- Advertencia Legal 5
- Capítulo 1: Qué puede encontrar el lector en este libro 7
  - Introducción 7
  - Estructura del libro 7
  - Contenido del libro 7
  - Materiales y herramientas 7
  - Aprendizaje con aplicaciones prácticas 7
  - Fomentando la creatividad y la resolución de problemas 8
  - Equivocarse es parte del aprendizaje 8
  - Proyectos STEM y estudiantes neurodivergentes 8
- Capítulo 2: Introducción a la Educación STEM y al Arduino 9
  - Los orígenes de la educación STEM 9
  - ¿Qué es STEM? 9
  - Ejemplos de proyectos STEM 9
  - Uso de Arduino para proyectos STEM 10
- Capítulo 3: Entendiendo Arduino 11
  - Los orígenes de Arduino 11
  - El entorno de desarrollo integrado de Arduino (IDE) 11
  - Placas Arduino 11
  - Naturaleza de código abierto de Arduino 12
  - La comunidad y las bibliotecas Arduino 12
  - Programando con IA 12
- Capítulo 4: Cómo dar Clase usando un Proyecto de este Libro 14
  - Objetivos del proyecto 14
  - Planificación de la clase 14
    - Preparación de materiales: 14
    - Explicación del Proyecto: 14
    - Demostración: 14
    - Cableado: 14
    - Programación: 15

Construcción del robot:	15
Consejos del autor.:	15
Personalización y creatividad:	15
Evaluación del proyecto:	15
Desafío:	15
Capítulo 5: Conceptos preliminares	16
Componentes	16
Instalación del IDE de Arduino y conexión de Arduino al ordenador portátil	21
Introducción al IDE de Arduino	21
Componentes clave del IDE de Arduino	21
Estructura básica de un SKETCH (boceto) de Arduino	21
Lenguaje Arduino y sintaxis	22
Bibliotecas y funciones	22
Alimentación de su proyecto	22
Conectar el Arduino a la placa de pruebas	25
Capítulo 6: El robot que dice hola	26
Capítulo 7: La Caja Automática	31
Capítulo 8: La mano Robótica	36
Capítulo 9: La Grúa	43
Capítulo 10: Concurso de catapultas	47
Capítulo 11: Comenzamos a programar.	51
Variables	51
Tipos de variables	52
Operadores	53
If, then, else	54
Bucles	55
Capítulo 12: Indicador de nivel del lavaparabrisas	58
Capítulo 13: Limpiaparabrisas (sin aparcamiento automático)	61
Limpiaparabrisas (sensor de agua y aparcamiento automático)	64
Capítulo 14: Luces automáticas	66
Capítulo 15: Cerradura de Puerta	69
Capítulo 16: Alarma de advertencia de Colisión	72
Capítulo 17: Zumbador de aparcamiento	76

Capítulo 18: Códigos hexadecimales y binarios; sistemas de numeración base 16 y base 2 79

    Bits y Bytes: 79

    Hexadecimal y Bytes: 79

    ¿Por qué Hexadecimal? 79

    Por qué un Byte es de 8 bits 80

    El Cambio de Un Byte por Carácter a Dos 80

    Conversión de una base a otra 80

        Decimal a Binario 81

        Decimal a Hexadecimal 81

        Tabla de Conversión (Decimal, Binario, Hexadecimal) 81

Capítulo 19: matriz LED 8x8 82

    MAX7219: Un Versátil Controlador de LED 82

        Cómo Funciona con Arduino 82

        Características y Capacidades Clave 82

        Aplicaciones Comunes: 82

    MAX7219 Matriz LED 8x8 83

Capítulo 20: Caritas sonrientes en la Matriz LED 8x8 84

        Como añadir la biblioteca LedControl.h library 86

        Explicación del Código: 87

    Desafío 87

Capítulo 21: Radar Portátil 88

    Desafío 91

Capítulo 22: Pantalla OLED de 64 x 128 y protocolo I2C 92

    Pantalla OLED de 64x128 92

    Protocolo I2C 92

    Uso de las bibliotecas de Adafruit con pantallas OLED 92

    Instalación de las bibliotecas adafruit_SSD1306.h y adafruit_GFX.h 92

    Coordenadas de los pixeles de la pantalla 64 x 128 93

    Figuras geométricas: 94

        Punto 94

        Línea 94

        Rectángulo 95

        Círculo 95

    Rectángulo Redondeado 96

    Triángulo 96

  Texto 97

  Imágenes 98

    Cómo crear una imagen con Microsoft Paint 98

Capítulo 23: Telesketch 103

Capítulo 24: Minibot 106

Capítulo 25: Desafío Sumobot 109

  1ª Parte: Crear la cara del robot 109

  2ª Parte: Crear el resto del robot 118

  Concurso: 120

Advertencia Legal

El propósito de los proyectos y actividades descritas en este libro es únicamente informativo y pedagógico. Hemos hecho todos los esfuerzos para garantizar la precisión y seguridad de las instrucciones y sugerencias contenidas en el libro; no obstante, el autor y editor no aceptan responsabilidad por los posibles errores, omisiones o daños resultantes del uso de este material.

Los lectores deben ser cautos y tomar medidas de protección apropiadas cuando trabajen con componentes electrónicos y herramientas. Se recomienda que los lectores más jóvenes trabajen siempre bajo la supervisión de un adulto responsable. El autor y el editor no asumen ninguna responsabilidad por lesiones personales, daños a la propiedad o cualquier otra pérdida o daño que pueda resultar de la implementación de los proyectos descritos en este libro.

Al realizar cualquiera de los proyectos de este libro, usted asume toda la responsabilidad por cualquier riesgo involucrado y acepta eximir al autor y al editor de cualquier reclamación o daño que surja de sus acciones.

A mi padre,
Víctor Martínez Sáez,
que me enseñó
que hay que arreglar
en vez de comprar,
y que hay que pensar
antes de hablar.

Capítulo 1: Qué puede encontrar el lector en este libro

Introducción

Este libro ofrece un recorrido completo por proyectos STEM diseñados para individuos de entre 7 y 18 años, con un enfoque en la versátil plataforma Arduino. Todos los proyectos pueden llevarse a cabo utilizando materiales básicos como cartón, tijeras, cinta adhesiva, una regla y un lápiz. Este libro ofrece un punto de acceso asequible al mundo de la Ciencia, la Tecnología, la Ingeniería y las Matemáticas (STEM en inglés), progresando desde los conceptos fundamentales hasta las aplicaciones avanzadas.

Estructura del libro

Está organizado en proyectos, dispuestos en forma progresiva, comenzando por los más elementales y avanzando a otros con tareas más complejas y desafiantes. Este enfoque estructurado garantiza que los lectores puedan desarrollar gradualmente sus habilidades y confianza.

Contenido del libro

Este libro incluye algunas de las lecciones que el autor da en línea a sus alumnos en Ecuador, Colombia, España, Francia y Uganda. Si está interesado en saber cómo enseñar robótica en línea, o si desea compartir su experiencia en este campo, puede contactar al autor en tinker.robot.labs@gmail.com.

Materiales y herramientas

Una característica clave de este libro es el uso de materiales baratos y de fácil acceso. Cada proyecto especifica los materiales y herramientas necesarios, la mayoría de los cuales probablemente ya estén disponibles en casa. La lista general incluye:

- Placa Arduino (p.ej., Arduino Nano)
- Cartón
- Tijeras
- Cinta adhesiva
- Regla
- Lápiz
- Componentes electrónicos básicos

El uso de materiales sencillos garantiza que los proyectos sean asequibles y accesibles, facilitando el ingreso al aprendizaje STEM para una amplia audiencia.

Aprendizaje con aplicaciones prácticas

El libro hace hincapié en el aprendizaje práctico. Cada proyecto está diseñado para enseñar conceptos y habilidades específicas mediante la aplicación práctica. Al final de cada proyecto, los lectores no solo tendrán una creación funcional, sino también una comprensión más profunda de los principios subyacentes.

Fomentando la creatividad y la resolución de problemas

Si bien el libro ofrece instrucciones detalladas para cada proyecto, hay mucho espacio para la creatividad. Se anima a los lectores a modificar y mejorar los proyectos, generar nuevas ideas y experimentar. Este proceso de experimentación y resolución de problemas es fundamental para la educación STEM y esencial para desarrollar habilidades de pensamiento crítico.

Equivocarse es parte del aprendizaje

Habrá ocasiones en las que los estudiantes no puedan completar con éxito un proyecto, y esto es totalmente aceptable. El fracaso es una parte integral del proceso de aprendizaje. Al analizar y comprender los fracasos, los estudiantes obtienen conocimientos valiosos sobre los principios científicos y las limitaciones inherentes a los esfuerzos científicos. Comprender las causas fundamentales del fracaso proporciona a los estudiantes los conocimientos necesarios para evitar obstáculos similares en proyectos futuros, mejorando así sus habilidades de resolución de problemas y su resiliencia.

Proyectos STEM y estudiantes neurodivergentes

La probabilidad de que los estudiantes que se inscriban en proyectos de robótica y otros STEM sean neurodivergentes no es desdeñable. Estos estudiantes suelen presentar características únicas, como habilidades sociales variadas, una necesidad de un entorno tranquilo y una necesidad de atención más individualizada. Como educadores, es fundamental aceptar y celebrar esta diversidad.

Los estudiantes neurodivergentes que se apuntan a actividades de robótica suelen buscar un espacio y un tiempo en el que puedan expresarse sin miedo, interactuar con sus compañeros sin la amenaza del acoso y ejercitar sus capacidades intelectuales. Como educadores, es nuestra responsabilidad proporcionar este entorno seguro y de apoyo, fomentando su crecimiento y permitiéndoles prosperar académica y socialmente.

Capítulo 2: Introducción a la Educación STEM y al Arduino

Los orígenes de la educación STEM

STEM, acrónimo para Ciencia, Tecnología, Ingeniería y Matemáticas (en inglés **S**cience, **T**echnology, **E**ngineering, and **M**athematics), hunde sus raíces a los primeros años del siglo XXI, cuando los educadores y los responsables de las políticas reconocieron la creciente importancia de estos campos en un panorama tecnológico en rápida evolución. El término "STEM" fue acuñado oficialmente por la Fundación Nacional de Ciencias (NSF) en los Estados Unidos. El objetivo era abordar la necesidad crítica de una fuerza laboral competente en estas áreas para mantener y hacer avanzar el liderazgo económico y tecnológico del país.

El movimiento de educación STEM tiene como objetivo integrar estas cuatro disciplinas en un paradigma de aprendizaje aglutinador basado en aplicaciones del mundo real. Al centrarse en enfoques interdisciplinarios y aplicados, la educación STEM busca inspirar a los estudiantes a seguir carreras en estos campos, fomentando la innovación y abordando desafíos globales como el cambio climático, la atención médica y el desarrollo sostenible.

¿Qué es STEM?

La educación STEM es un enfoque interdisciplinario del aprendizaje en el que se combinan conceptos académicos rigurosos con lecciones del mundo real. Los estudiantes aplican la ciencia, la tecnología, la ingeniería y las matemáticas en contextos que establecen conexiones entre la escuela, la comunidad, el trabajo y la empresa global, lo que permite el desarrollo de la alfabetización STEM y, con ella, la capacidad de competir en la nueva economía.

- La ciencia trata de comprender el mundo natural a través de la observación y la experimentación.
- La tecnología consigue la aplicación del conocimiento científico con fines prácticos, especialmente en la industria.
- La ingeniería se centra en el diseño, la construcción y el mantenimiento de estructuras, máquinas y sistemas.
- Las matemáticas proporcionan el lenguaje y las herramientas para resolver problemas y comprender patrones y relaciones en el mundo.

Ejemplos de proyectos STEM

Robótica: Construir y programar robots para realizar tareas concretas, en un amplio rango: desde robots simples capaces de seguir una línea hasta robots humanoides más complejos, capaces de interactuar con su entorno.

Monitoreo ambiental: creación de sensores y sistemas de registro de datos para monitorear parámetros ambientales como la calidad del aire, la temperatura y la humedad. Estos proyectos pueden ayudar a los estudiantes a comprender el cambio climático y la importancia de la sostenibilidad.

Proyectos de energía renovable: Diseño y construcción de dispositivos que aprovechen fuentes de energía renovable, como paneles solares o turbinas eólicas. Estos proyectos demuestran los principios de la conversión de la energía y la importancia de la energía renovable para mitigar el cambio climático.

Arte interactivo: combinación de creatividad y tecnología mediante el diseño de instalaciones artísticas interactivas que respondan a las peticiones de los usuarios. Esto puede incluir desde espectáculos de luces LED hasta esculturas cinéticas controladas por sensores y microcontroladores.

Uso de Arduino para proyectos STEM

Arduino es una plataforma electrónica de código abierto basada en hardware y software fáciles de usar. Es una herramienta potente y flexible que resulta especialmente adecuada para la educación STEM por varias razones:

Accesibilidad: las placas y los componentes Arduino son relativamente económicos y están ampliamente disponibles. Esto permite que las escuelas y las personas se inicien en la electrónica y la programación sin una inversión financiera significativa.

Facilidad de uso: la plataforma Arduino está diseñada para ser fácil de usar, con un entorno de programación simple y una gran cantidad de recursos y tutoriales en línea. Esto reduce la barrera de entrada para principiantes que pueden no tener experiencia previa con la electrónica o la codificación.

Versatilidad: Arduino se puede utilizar para una amplia gama de proyectos, desde simples luces LED intermitentes hasta complejos sistemas de robótica y automatización. Esta versatilidad permite a los estudiantes explorar varios campos STEM y encontrar sus áreas de interés.

Soporte de la comunidad: La comunidad Arduino es grande y activa, y ofrece una gran cantidad de recursos, incluidas ideas de proyectos, sugerencias para la resolución de problemas y foros de debate. Esta red de soporte es invaluable tanto para los educadores como para los estudiantes.

Aprendizaje práctico: Los proyectos Arduino involucran tanto hardware como software, lo que proporciona una experiencia de aprendizaje práctica que ayuda a los estudiantes a desarrollar habilidades prácticas además del conocimiento teórico. Este enfoque de aprendizaje experiencial es crucial para comprender y retener conceptos STEM complejos.

Capítulo 3: Entendiendo Arduino

Los orígenes de Arduino

Arduino nació de la necesidad de una plataforma de bajo coste y fácil de usar para que estudiantes y aficionados crearan proyectos interactivos. En 2003, Massimo Banzi, David Cuartielles, Tom Igoe, Gianluca Martino y David Mellis, entre otros, desarrollaron la primera placa Arduino en el Interaction Design Institute Ivrea (IDII) en Ivrea, Italia. El objetivo era proporcionar una herramienta sencilla y accesible que pudiera ayudar a los estudiantes de áreas no relacionadas con la ingeniería a crear prototipos funcionales y proyectos electrónicos.

El nombre "Arduino" proviene de un bar en Ivrea donde solían reunirse algunos de los fundadores. También rinde homenaje a Arduino de Ivrea, un rey italiano. Desde sus inicios, Arduino ha crecido exponencialmente, convirtiéndose en una piedra angular del movimiento de los creadores y una herramienta esencial en la educación STEM.

El entorno de desarrollo integrado de Arduino (IDE)

El IDE de Arduino es un componente crucial del ecosistema de Arduino. Es un software gratuito de código abierto que permite a los usuarios escribir, compilar y cargar código en placas Arduino. El IDE ofrece una interfaz sencilla e intuitiva, lo que lo hace accesible para principiantes y ofrece suficiente profundidad para usuarios avanzados.

Características clave del IDE de Arduino incluyen:

- *Editor de código*: el editor de texto donde escribes el código de Arduino, también conocido como bocetos. Admite resaltado de sintaxis y autocompletado.

- *Compilador*: traduce tu código a un formato que la placa Arduino pueda entender.

- *Cargador*: envía el código compilado a la placa Arduino a través de una conexión USB.

- *Monitor serie*: te permite comunicar con la placa Arduino y recibir datos de ella, útil para depurar y monitorear datos de sensores.

- *Trazador serie:* una herramienta valiosa dentro del IDE de Arduino que te permite visualizar datos en tiempo real. Grafica los datos enviados desde la placa Arduino a través de la conexión serie, lo que facilita el análisis de tendencias y patrones en las lecturas de sensores y otros flujos de datos. Esta función es particularmente útil para depurar y comprender el comportamiento de tu proyecto.

El IDE de Arduino soporta múltiples plataformas, incluyendo Windows, macOS, y Linux, y puede ser extendido con bibliotecas adicionales para soportar un amplio rango de funcionalidades.

Placas Arduino

Existen varios modelos de placas Arduino, cada uno diseñado para satisfacer diferentes necesidades y proyectos. Algunas de las placas Arduino más populares son:

- Arduino Uno: La placa más utilizada y fácil de usar para principiantes, basada en el microcontrolador ATmega328P. Tiene 14 pines de entrada/salida digitales, 6 entradas analógicas y una conexión USB.

- **Arduino Mega**: Una placa más grande con más pines de entrada/salida y memoria, adecuada para proyectos más complejos. Utiliza el microcontrolador ATmega2560.
- **Arduino Nano**: Una placa pequeña, fácil de usar, con una funcionalidad similar a la de Arduino Uno, pero en un formato compacto.
- **Arduino Leonardo**: Cuenta con un microcontrolador con comunicación USB incorporada, lo que le permite emular un ratón o un teclado.
- **Arduino Due**: Una potente placa basada en el microcontrolador ARM Cortex-M3, que ofrece más potencia de procesamiento y memoria.

Cada placa está diseñada para ser fácilmente programable y adaptable, lo que hace posible construir una amplia variedad de proyectos, desde simples LED parpadeantes hasta complejos sistemas de robótica y automatización.

Naturaleza de código abierto de Arduino

Uno de los factores clave del éxito de Arduino es su naturaleza de código abierto. Tanto el hardware como el software son de código abierto, lo que significa que los diseños y el código están disponibles de forma gratuita para que cualquiera los utilice, modifique y distribuya. Esta apertura ha dado lugar a una amplia y vibrante comunidad de usuarios y desarrolladores que contribuyen a la plataforma, comparten sus proyectos y se ayudan entre sí a resolver problemas.

La filosofía de código abierto fomenta la innovación y la colaboración, lo que permite un rápido desarrollo e iteración de nuevas ideas. También garantiza que Arduino siga siendo accesible y asequible, ya que cualquiera puede crear y vender sus propias placas y accesorios compatibles.

La comunidad y las bibliotecas Arduino

La comunidad Arduino es una de sus mayores fortalezas. Entusiastas, educadores, estudiantes y profesionales de todo el mundo comparten sus conocimientos y experiencias, creando un rico ecosistema de recursos. Los foros de Arduino, los tutoriales en línea y los grupos de redes sociales son lugares excelentes para encontrar ayuda, inspiración y oportunidades de colaboración.

Arduino también cuenta con un vasto repositorio de bibliotecas. Las bibliotecas son colecciones de código que proporcionan interfaces fáciles de usar para varios componentes y funciones, como sensores, pantallas, motores y protocolos de comunicación. Al usar bibliotecas, puede agregar rápidamente funciones complejas a sus proyectos sin tener que escribir todo desde cero.

Programando con IA

En los últimos años, los avances en inteligencia artificial (IA) han hecho posible escribir código Arduino de manera más eficiente. Las herramientas de IA, como ChatGPT o Gemini, pueden ayudar a generar código. Estas herramientas pueden ayudar tanto a principiantes como a desarrolladores experimentados al proporcionar sugerencias de código, automatizar tareas repetitivas y ofrecer soluciones a problemas comunes.

Por ejemplo, al describir la funcionalidad deseada en lenguaje natural, una herramienta de IA puede generar el código Arduino correspondiente, acelerando significativamente el proceso de desarrollo. Esta integración de la IA en la codificación hace que sea aún más fácil dar vida a sus proyectos, independientemente de su experiencia en programación.

Si bien la IA puede ser una herramienta poderosa para generar código, confiar únicamente en ella sin un conocimiento básico de la programación Arduino puede generar desafíos importantes. Incluso para proyectos básicos, el código generado por IA puede no ser siempre preciso o eficiente.

Un programador humano, incluso con conocimientos básicos de Arduino, puede proporcionar un contexto y una supervisión esenciales. Puede evaluar el código generado por IA para comprobar su corrección, eficiencia y cumplimiento de las mejores prácticas. Al comprender los principios subyacentes de la programación de Arduino, un ser humano puede identificar posibles problemas y realizar los ajustes necesarios para garantizar que el código funcione según lo previsto.

.

Capítulo 4: Cómo dar Clase usando un Proyecto de este Libro

Este capítulo ofrece orientación sobre cómo planificar y dar una clase centrada en uno de los proyectos del libro. Para ilustrarlo, utilizaremos el proyecto "El robot que saluda" (Capítulo 6). En este proyecto, los estudiantes construirán un pequeño robot capaz de mover un brazo en un gesto que simula un saludo. Si bien el proyecto puede parecer simple, presenta una excelente oportunidad para explorar conceptos clave y fomentar habilidades prácticas entre los estudiantes.

Objetivos del proyecto

El objetivo principal del proyecto "El Robot que saluda" es que los estudiantes aprendan a conectar un servomotor a una placa Arduino y a moverlo. Para lograr este objetivo, el estudiante construirá y programará un robot simple que realice un saludo convincente.

Los objetivos específicos incluyen:

- Comprender el diseño y la programación del movimiento del robot: los estudiantes aprenderán a controlar la velocidad y el arco del movimiento del brazo del robot para garantizar que el saludo sea efectivo.

- Aplicar conceptos de ingeniería y física: el proyecto permite explorar cómo la velocidad y el arco afectan la percepción del gesto.

- Fomentar la creatividad: los estudiantes tendrán la oportunidad de personalizar sus robots, lo que promueve la creatividad y la innovación.

Planificación de la clase

Preparación de materiales:

- Materiales necesarios: Arduino, servomotor, cables, batería y materiales para el cuerpo del robot (como cartón, plástico, etc.).

- Útiles: Tijeras, cinta adhesiva, regla, lápiz.

Explicación del Proyecto:

Comience la clase explicando el objetivo del proyecto y cómo el robot puede realizar un saludo. Discuta los conceptos de velocidad y arco de movimiento y su impacto en la efectividad del saludo. Investigue cómo se saludan las diferentes culturas. Permita y anime al estudiante a buscar en Internet y compartir sus hallazgos. ¿Saludamos todos de la misma manera? ¿Qué pasa con el saludo real que usa la familia real británica? ¿Y qué pasa con el roce de nariz de los esquimales?

Demostración:

Haga una demostración del robot en acción para que los estudiantes puedan ver el resultado final. Intente que sea **lo más aburrido e insípido posible**. No haga un modelo que los estudiantes puedan querer copiar. Al hacer esto, está incitando a los estudiantes a hacer algo MEJOR que el modelo mostrado.

Cableado:

Cableado de los componentes: guíe a los estudiantes en la instalación del servomotor que controlará el brazo del robot. Explíqueles cómo se conecta al Arduino.

Programación:
Proporcione un código base para controlar el servomotor. Explique cómo modificar el código para ajustar la velocidad y el arco del movimiento del brazo.

Permita que los estudiantes experimenten con diferentes valores de velocidad y arco. Investigue cómo estos ajustes afectan al gesto de saludo.

Construcción del robot:
Ayude a los estudiantes a diseñar y construir el cuerpo del robot, asegurándose de que el brazo pueda moverse libremente.

Una vez terminado el cuerpo del robot, permita que los estudiantes experimenten nuevamente con diferentes valores de velocidad y arco. Investigue cómo estos ajustes afectan el gesto de saludo.

Personalización y creatividad:
Opciones de personalización: permita que los estudiantes personalicen sus robots, ya sea creando personajes de sus dibujos animados favoritos o agregando características adicionales.

Evaluación del proyecto:
Evalúe los proyectos en función de la capacidad del robot para realizar un saludo convincente, así como de la creatividad y el diseño del robot. Ofrezca retroalimentación a cada estudiante, destacando lo que hicieron bien y sugiriendo áreas de mejora.

Desafío:
Organice un debate en clase sobre cómo podrían los robots saludar al ritmo de una canción. Permita que los estudiantes elijan una canción e intenten hacer que sus robots se muevan al ritmo de la misma.

Consejos del autor.:

Vaya paso a paso: si es nuevo en Arduino, no se lance a un proyecto complejo antes de comprender a fondo los conceptos básicos.

Pruebe su proyecto antes de dar la lección: sus estudiantes altamente motivados tendrán dificultades para controlar la frustración...

Lleve SIEMPRE un multímetro con usted. Una batería débil o un cable defectuoso suelen ser la fuente de fallos.

Lleve siempre componentes adicionales. Se producirá humo mágico.

Puede encontrar que uno o varios de sus estudiantes tienen una mente muy brillante, pero habilidades manuales muy pobres. Junte a los estudiantes que son buenos con la codificación con aquellos que son buenos con sus manos.

Capítulo 5: Conceptos preliminares

Componentes

Todos los componentes utilizados en este libro proceden de Amazon o AliExpress. Son estándar, asequibles y fáciles de conseguir.

Utilizo clones de Arduino, principalmente el Arduino Nano ATmega328P (CH340). Requiere un controlador especial para conectarlo a un ordenador portátil, pero aún con este inconveniente, es la opción más económica para un Arduino.

Si planea usar este libro para dar clase a un grupo de estudiantes, le recomiendo encarecidamente que compre todos los componentes a granel directamente en AliExpress. Es, con diferencia, la opción más barata para el mercado europeo. Sin embargo, no compre las pilas en AliExpress. Por alguna razón oscura que no entiendo, son más caras que las pilas que puede comprar en Amazon. Yo compro pilas alcalinas de grado industrial Varta o Amazon Basics que vienen en paquetes de 20 o 50. Puede que estas pilas no sean las más baratas disponibles, pero duran mucho más que las pilas normales.

Los accidentes son inevitables y, tarde o temprano, algún componente se dañará porque los estudiantes lo conectarán con la polaridad incorrecta. Esto da como resultado lo que me gusta llamar "El humo mágico", donde un Arduino u otro componente comienza a emitir humo, llenando el aula de un olor acre. Puede ser una experiencia muy estresante para el estudiante, pero tenga la seguridad de que les sucede a todos los estudiantes en algún momento.

Para mantener el ambiente alegre y convertir el accidente en un momento memorable, realizo «La ceremonia del humo mágico». Cuando sucede, felicito con entusiasmo al estudiante por unirse a la «Hermandad del humo mágico». Luego, llevo el cubo de basura al centro del aula para "enterrar" el componente quemado, mientras todos los estudiantes aplauden y celebran al nuevo hermano o hermana del humo mágico. ¡Es una forma divertida de reconocer el accidente y mantener el ánimo en alto!

Componente	
Arduino Nano ATmega328P (CH340). El Arduino Nano ATmega164 es también una opción válida para la mayoría de los proyectos en este libro. CUALQUIER Arduino mayor que el Arduino Nano ATmega328P (CH340) es una opción válida.	
Servo SG 90 (180 grados). Los servos MG90 son válidos también. Son más caros, pero más duraderos porque usan engranajes metálicos en lugar de plástico. NO use servos más grandes porque necesitan una fuente de alimentación separada.	
Servo SG 90 (360 grados, también llamado servo de rotación continua). Los servos MG90 son válidos también. Son más caros, pero más duraderos porque usan engranajes metálicos en lugar de plástico. NO use servos más grandes porque necesitan una fuente de alimentación separada.	
Ruedas con servomotor. Muy a menudo, estas ruedas se venden con los servos de rotación continua. Las ruedas de Lego, las tapas de tarros o las ruedas de juguetes antiguos también son una opción válida.	

Protoplaca de 30 filas. También se pueden utilizar protoplacas más largas. Utilice protoplacas que tengan filas de alimentación en los laterales (filas azul y roja, o filas negra y roja)	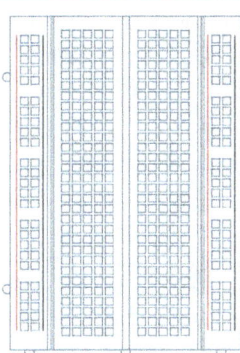
Cable de programación. Se suele vender con Arduino. Comprueba el tipo de conector que utiliza tu Arduino. Suele ser algún tipo de conector USB obsoleto.	
Módulo láser. Aunque estos módulos láser son inofensivos para los ojos humanos, como regla general, el profesor DEBE explicar que nunca deben dirigirse a los ojos.	
Placa de potencia. No es estrictamente necesaria, pero sí muy recomendable ya que hace muy cómoda la conexión de la batería y dispone de un botón para apagar todo el circuito.	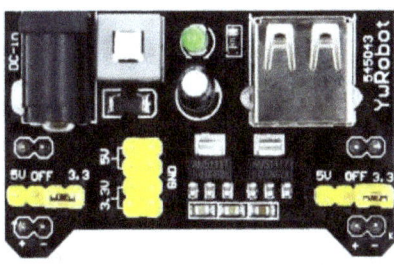
Sensor de luz. Hay 2 versiones: 3 pins y 4 pins. 3 pins tiene solo una salida digital. 4 pins tiene una salida digital y una analógica. Dado que el costo de ambas versiones es casi el mismo, elija la versión de 4 pines si es posible.	
Matriz led 8x8 con controlador max7219. Utilice los que tienen pins en la parte inferior y en la parte superior. Se puede usar cualquier color del LED.	

LEDS Cualquier color es bueno. Cómprelos al por mayor en colores surtidos.	
Medidor de distancia por ultrasonido. Asegúrese de comprar el sensor de 4 pines (HC-SR04). Los sensores de 3 pines no funcionarán con el código proporcionado en este libro.	
Potenciómetro. Los potenciómetros de 10k funcionarán bien, pero casi cualquier potenciómetro de 3 pines está bien.	
Cables Dupont. 2 tipos: macho-hembra y macho-macho. En este libro no se utilizan cables hembra-hembra.	
Resistencias de 220-ohm	

Joystick Joystick de 5 pines (+, -, X, Y, interruptor)	
Sensor táctil	
Zumbador piezoeléctrico	
Cable para pila de 9V	
Pila de 9V	
Pantalla OLED Pantalla 128x68. Cualquier color, 5 pines, protocolo 12C.	

Instalación del IDE de Arduino y conexión de Arduino al ordenador portátil

No voy a tratar este tema en este libro porque requeriría actualizaciones frecuentes del procedimiento. Hay miles de tutoriales disponibles en YouTube, Instructables y Reddit, entre otras plataformas. Si encuentra dificultades, la mayoría de los problemas surgen por no haber instalado el controlador CH340, no haber seleccionado la placa correcta, no haber elegido el procesador correcto o no haber seleccionado el puerto COM correcto.

Consejo profesional: si está usando Arduinos por vez primera con sus estudiantes, pruebe TODOS ellos antes de comenzar su proyecto. Según el proveedor de los microcontroladores, es posible que un porcentaje considerable de ellos no funcionen desde el primer día. Además, asegúrese de son de un solo proveedor para asegurarse de que todos tengan el mismo gestor de arranque y el mismo procesador.

Introducción al IDE de Arduino

El entorno de desarrollo integrado (IDE) de Arduino es la herramienta principal que se utiliza para escribir, compilar y cargar código en una placa Arduino. Está diseñado para ser fácil de usar, lo que lo hace accesible tanto para principiantes como para programadores experimentados.

Componentes clave del IDE de Arduino

- *Editor*: aquí es donde escribes tu código. Incluye funciones como resaltado de sintaxis, finalización de código y sangría automática para mejorar la experiencia de programación.
- *Compilador:* este componente traduce tu código legible para humanos en código de máquina que la placa Arduino puede entender.
- *Cargador:* transfiere el código compilado a la memoria de la placa Arduino.

Estructura básica de un SKETCH (boceto) de Arduino

Un programa de Arduino se denomina SKETCH. Cada SKETCH consta de dos funciones principales:

- **setup():** Esta función se ejecuta una vez cuando la placa Arduino se inicia. Se usa para inicializar el hardware, establecer los modos de los pines y para declarar variables.
- **loop():** Esta función se ejecuta repetidas veces en un bucle continuo. Contiene el núcleo lógico de tu programa y controla el funcionamiento de la placa del Arduino.

Ejemplo:

```
void setup() {
  // sitúa tu código setup aquí, se ejecuta una vez:
  pinMode(13, OUTPUT); // Establece el pin digital 13 como SALIDA
}

void loop() {
  // sitúa tu código principal aquí, se ejecutará repetidas veces:
  digitalWrite(13, HIGH);   // enciende el LED (HIGH es el nivel de voltaje)
  delay(1000);              // espera 1 segundo
  digitalWrite(13, LOW);    // apaga el LED (LOW es el nivel de voltaje)

  delay(1000);              // espera 1 segundo
}
```

Lenguaje Arduino y sintaxis

Arduino utiliza principalmente C++ como lenguaje de programación, con una sintaxis simplificada para facilitar el aprendizaje. Los elementos clave de la programación de Arduino incluyen:

- *Variables:* se utilizan para almacenar datos, como números, caracteres o valores de sensores.
- *Tipos de datos:* Arduino admite varios tipos de datos como int, float, char, boolean, etc.
- *Control del Flujo:* se utilizan estructuras como if-then-else, for y while para controlar el flujo del programa.
- *Funciones:* bloques de código reutilizables que realizan tareas específicas.
- *Comentarios:* se utilizan para explicar el código y mejorar la legibilidad.

Bibliotecas y funciones

Arduino ofrece un rico ecosistema de bibliotecas que proporcionan código pre-escrito para tareas comunes. Estas bibliotecas simplifican operaciones complejas y ahorran tiempo de desarrollo. Algunas bibliotecas populares incluyen:

- *Servo:* Control de servo motores
- *LiquidCrystal:* Interfaces con pantallas LCD
- *Wire:* Gestiona la comunicación I2C
- *SPI:* Gestiona la comunicación SPI.

Alimentación de su proyecto

Cada proyecto de este libro se construye sobre una protoplaca, con todos los componentes conectados a ella. La protoplaca consta de tres secciones: dos rieles laterales y una placa central. Los rieles laterales se utilizan para distribuir la alimentación a todos los componentes, mientras que la placa central se utiliza para conectar Arduino, los actuadores y los sensores.

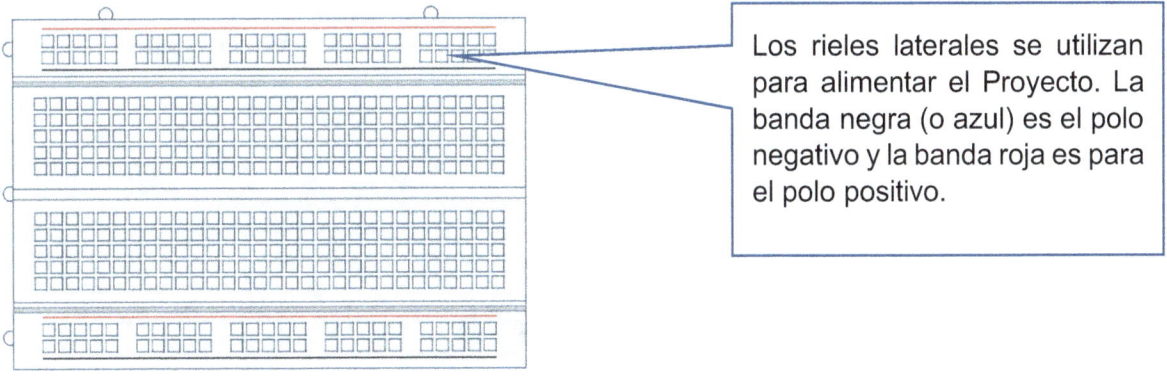

Los rieles laterales se utilizan para alimentar el Proyecto. La banda negra (o azul) es el polo negativo y la banda roja es para el polo positivo.

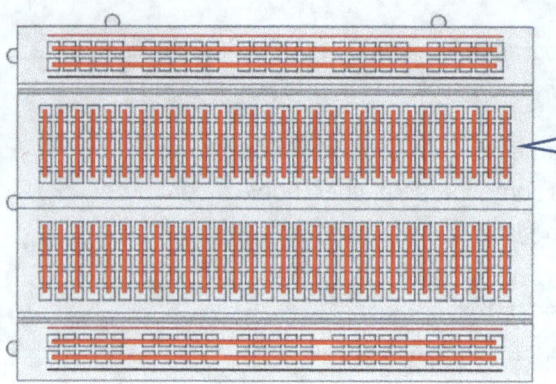

Las líneas representan las conexiones en la placa. Si la placa tiene el doble de longitud, es común que las conexiones de las bandas laterales no lleguen de un extremo al otro y se corten en la mitad de la placa.

Muchos de los momentos de "humo mágico" ocurren porque este paso crítico no se toma en serio. Este paso implica conectar el primer componente a la placa, lo cual es bastante emocionante para los estudiantes jóvenes. Asegúrese de verificar que cada placa de prototipos tenga la polaridad correcta.

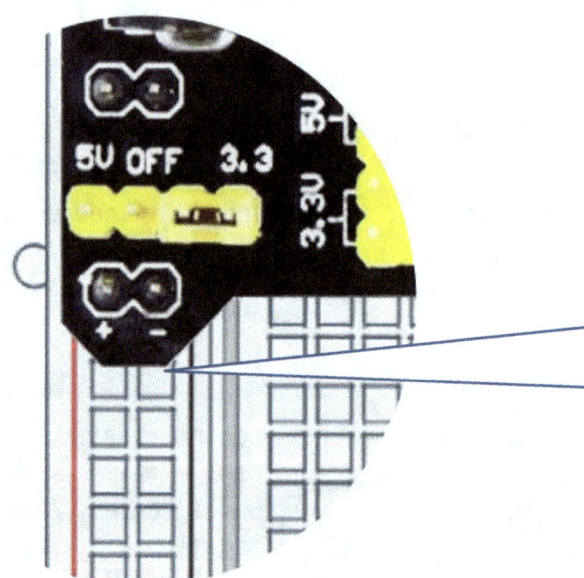

Al utilizar una placa de fuente de alimentación externa, asegúrese de que el polo + vaya a la banda roja y el polo negativo vaya al riel negro (o azul).

La placa de alimentación sobresale de la placa de pruebas. Hay 4 pines en cada lado de la placa de alimentación. Todos ellos deben estar conectados a la placa de pruebas.

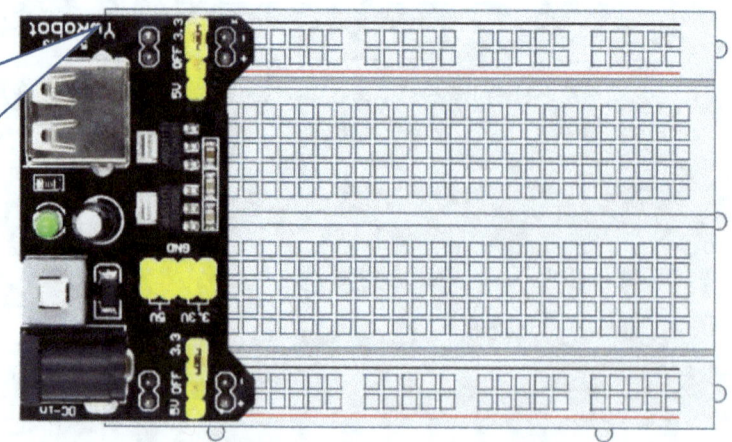

La placa de alimentación tiene «puentes» para ajustar el voltaje que se suministra a los rieles laterales. Los puentes deben estar posicionados para suministrar 5V a los rieles.

Una vez que la placa de alimentación está instalada en la placa de pruebas y los puentes están en la posición de 5V, conecte la batería y presione el botón de encendido y apagado. Un LED verde debería encenderse en la placa de alimentación. ¡No olvide apagar el interruptor!

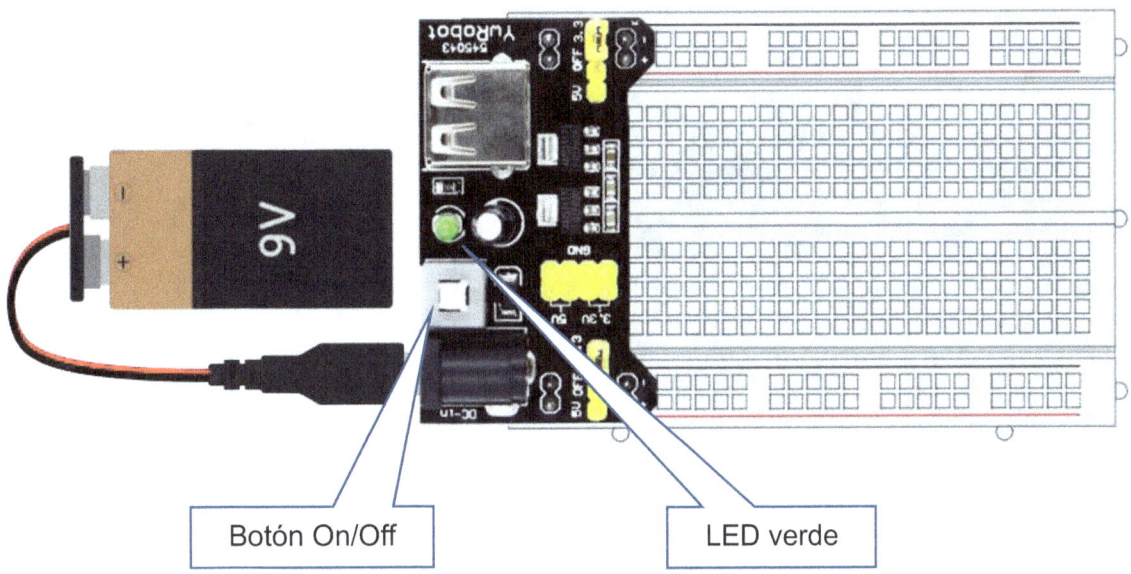

Botón On/Off

LED verde

Conectar el Arduino a la placa de pruebas

En todos los proyectos de este libro, el Arduino se colocará en el mismo lugar de la placa de pruebas. De esta manera, hay menos posibilidades de que se queme el Arduino o se dañen los pines. Se recomienda encarecidamente crear dos cables puente cortos para conectar el Arduino a los rieles laterales de la placa de pruebas para evitar que el estudiante conecte el Arduino con la polaridad incorrecta.

Conecte el pin Vin del Arduino al riel rojo y el pin GND del Arduino al riel azul (o negro).

Capítulo 6: El robot que dice hola

Descripción del Proyecto	El alumno aprenderá a construir un robot sencillo que mueve el brazo como si estuviera saludando. Este robot utiliza únicamente un servomotor de 180 grados. El robot puede estar hecho de cualquier material, desde un tetrabrik vacío hasta una caja pequeña. El cartón de las cajas de cereales es especialmente adecuado para este tipo de robot.
Materias STEM a buscar en Internet	Investigue cómo las diferentes culturas saludan con su cuerpo. ¿Cómo sabe un servomotor a dónde ir con las instrucciones en el código? ¿Qué es una señal PWM? Investigue cómo el peso y el movimiento del brazo afectan la estabilidad del robot. ¡El objetivo es hacer un robot que no se caiga cuando el brazo se mueve! Velocidad angular vs velocidad lineal. ¿La mano del robot se mueve más rápido si el brazo es más largo?
Componentes	Placa de prototipos Cable USB de programación Arduino Nano Cables Dupont macho-macho Servomotor SG 90 de 180 grados

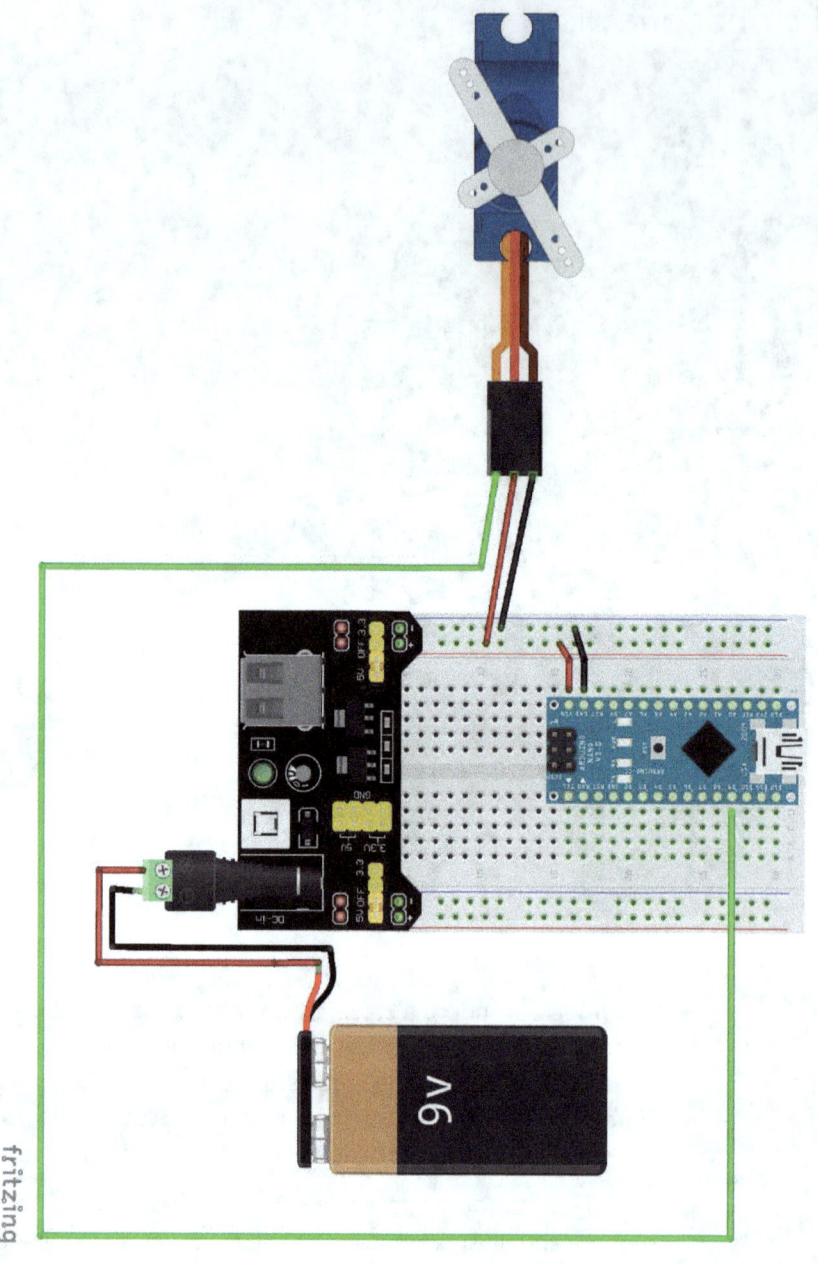

El cuerpo, las manos y la cara están hechos de cartón. El robot puede tener esta forma u otra. Si el alumno lo desea, puede pintarlo o decorarlo con papeles de colores.

El brazo es un palo de madera unido con cinta adhesiva a la palanca blanca del servomotor. Se pueden probar brazos de distintas longitudes para observar que cuanto más largo es el brazo, mayor es la distancia que recorre la mano y más rápido se mueve.

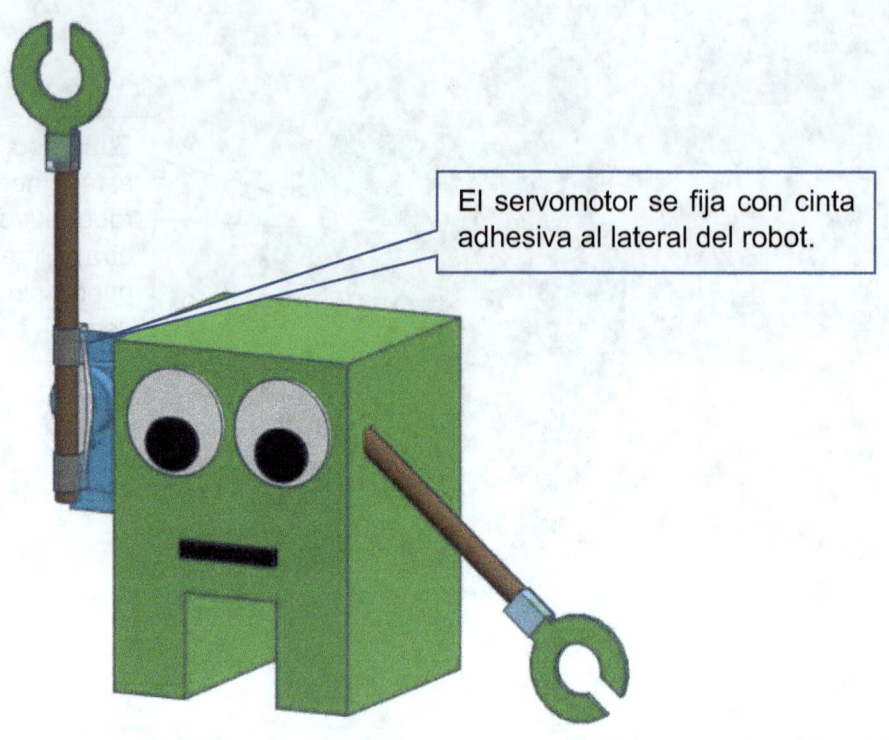

El servomotor se fija con cinta adhesiva al lateral del robot.

Código

Código disponible también aquí: https://bit.ly/3AjYvaR

```cpp
#include <Servo.h>
// Usaremos la biblioteca Servo
// Esta biblioteca es un programa externo que permite a Arduino controlar los servos.

Servo arm; // el servomotor se llama "arm"

void setup() {
// La función void setup() se ejecuta una vez cuando se pulsa reset o se enciende la placa.
// Se usa para inicializar las variables, los modos de los pin, empezar a usar las bibliotecas, etc.
// La palabra clave "void" indica que esta función no devuelve ningún valor.

  arm.attach(9);  // se conecta el servomotor de 180 grados al pin D9
}

void loop() {
 // La función void loop() se ejecuta continuamente.
 // Es aquí donde se sitúa el Código que debe repetirse continuamente.
 // La palabra clave "void" indica que esta función no devuelve ningún valor.

  arm.write(100);      // pone el servomotor a 100 grados
  delay(500);          // espera 500 milisegundos (medio segundo)
  arm.write(80);       // pone el servomotor a 80 grados
  delay(500);          // espera 500 milisegundos (medio segundo)
  // empieza de nuevo el "void loop"
}
```

> Modifique los valores de los ángulos (100 y 80) para que el brazo se mueva más o menos. Ajusta el "retardo" entre movimientos para que el brazo se mueva más rápido o más lento.

> Poner el primer "arm.write" a 180 grados y el Segundo a 0, y los dos retardos a 5 milisegundos. Cargar el programa de nuevo. ¿Poor qué no funciona?

> No funciona porque el servomotor no alcanza la posición especificada en tan poco tiempo. Pregúntele al estudiante qué está sucediendo y explore diferentes soluciones con el estudiante para hacer que el brazo complete el movimiento de 180 grados en el menor tiempo posible.

Capítulo 7: La Caja Automática

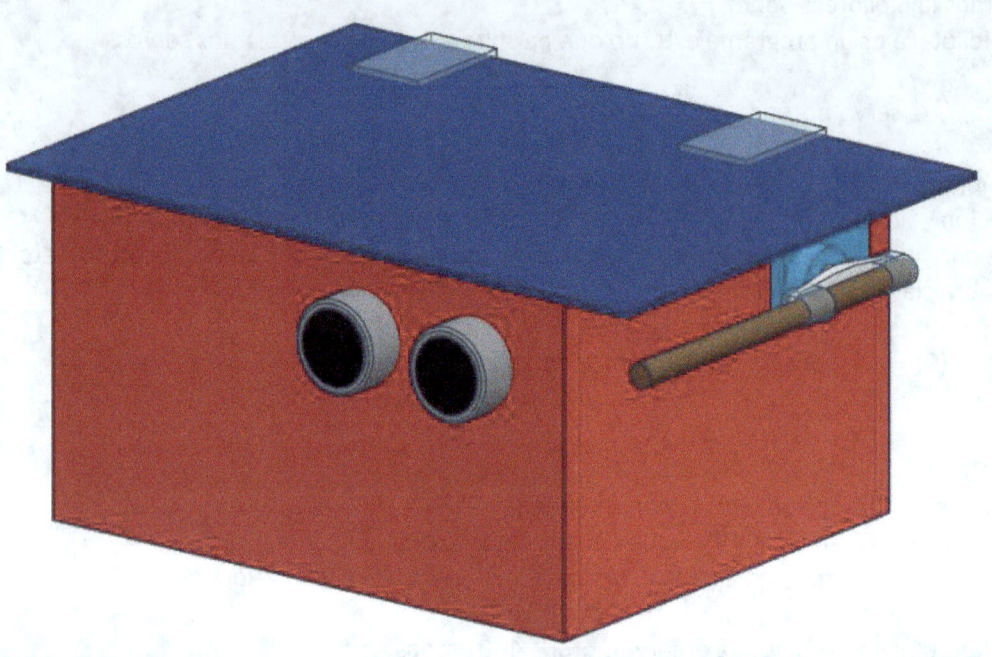

Descripción del Proyecto	El alumno aprenderá a construir una caja que se abre cuando el sensor de distancia detecta un objeto. Este robot utiliza un servomotor de 180 grados y un sensor de distancia ultrasónico. El robot puede estar hecho de cualquier material, desde un Tetra Pak vacío hasta una caja pequeña. El cartón de las cajas de cereales es especialmente adecuado para este tipo de robot.
Materias STEM a buscar en Internet	Investigue cómo funciona el sensor ultrasónico. Los murciélagos utilizan el mismo principio para "ver" Un sensor ultrasónico solo funciona para un rango de distancias. ¿Por qué tiene un rango mínimo y máximo? ¿Ese rango se ve afectado por factores externos? Investigue cómo se utiliza el sensor de distancia ultrasónico en objetos cotidianos como automóviles y electrodomésticos. Analice en el código la fórmula utilizada para calcular la distancia. Identifique los diferentes factores y descubra por qué la distancia debe dividirse por 2.
Componentes	Placa de prototipos Cable USB de programación Arduino Nano Cables Dupont macho-macho Cables Dupont macho-hembra Sensor de distancia ultrasónico Servomotor SG 90 de 180 grados

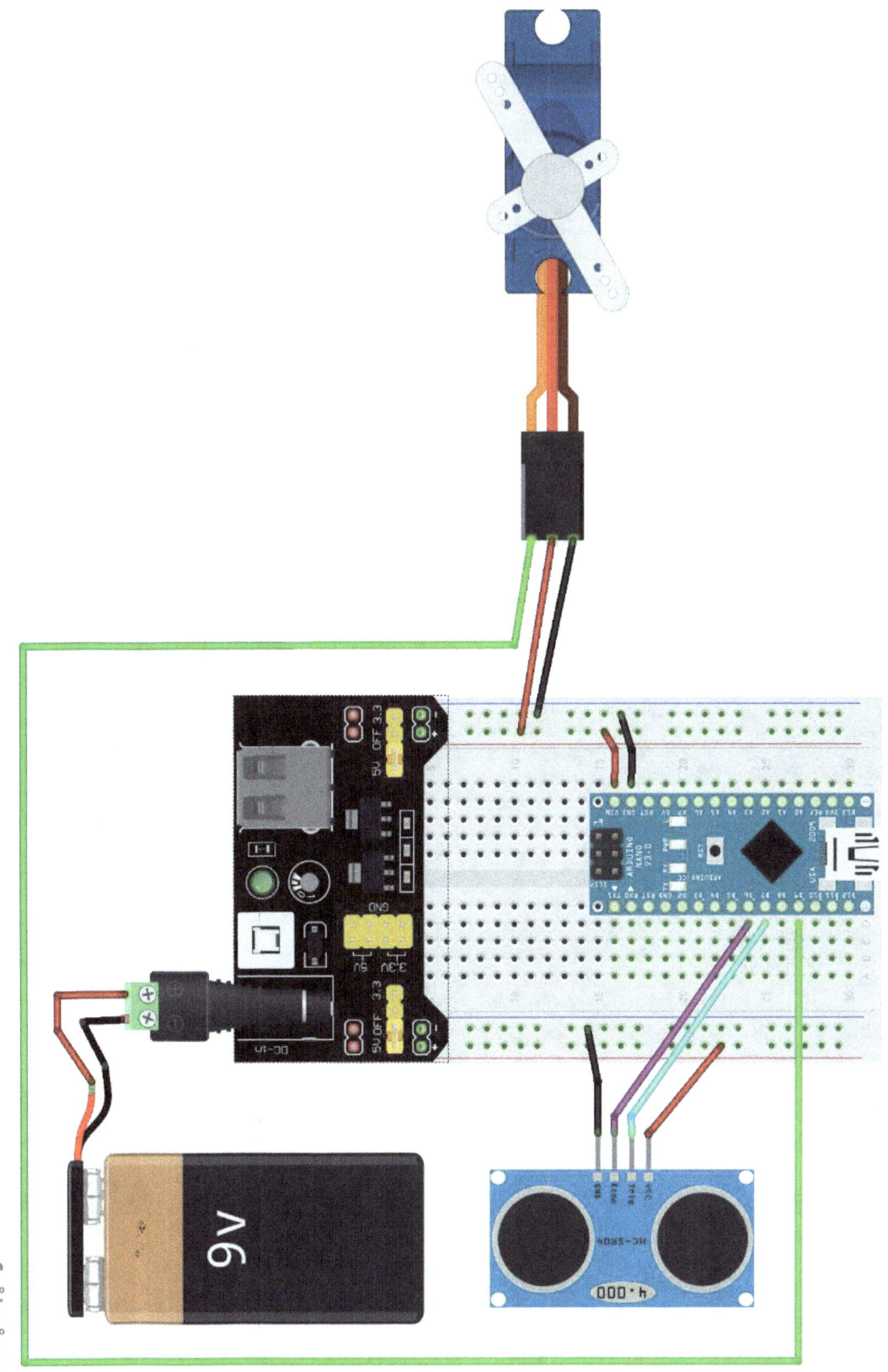

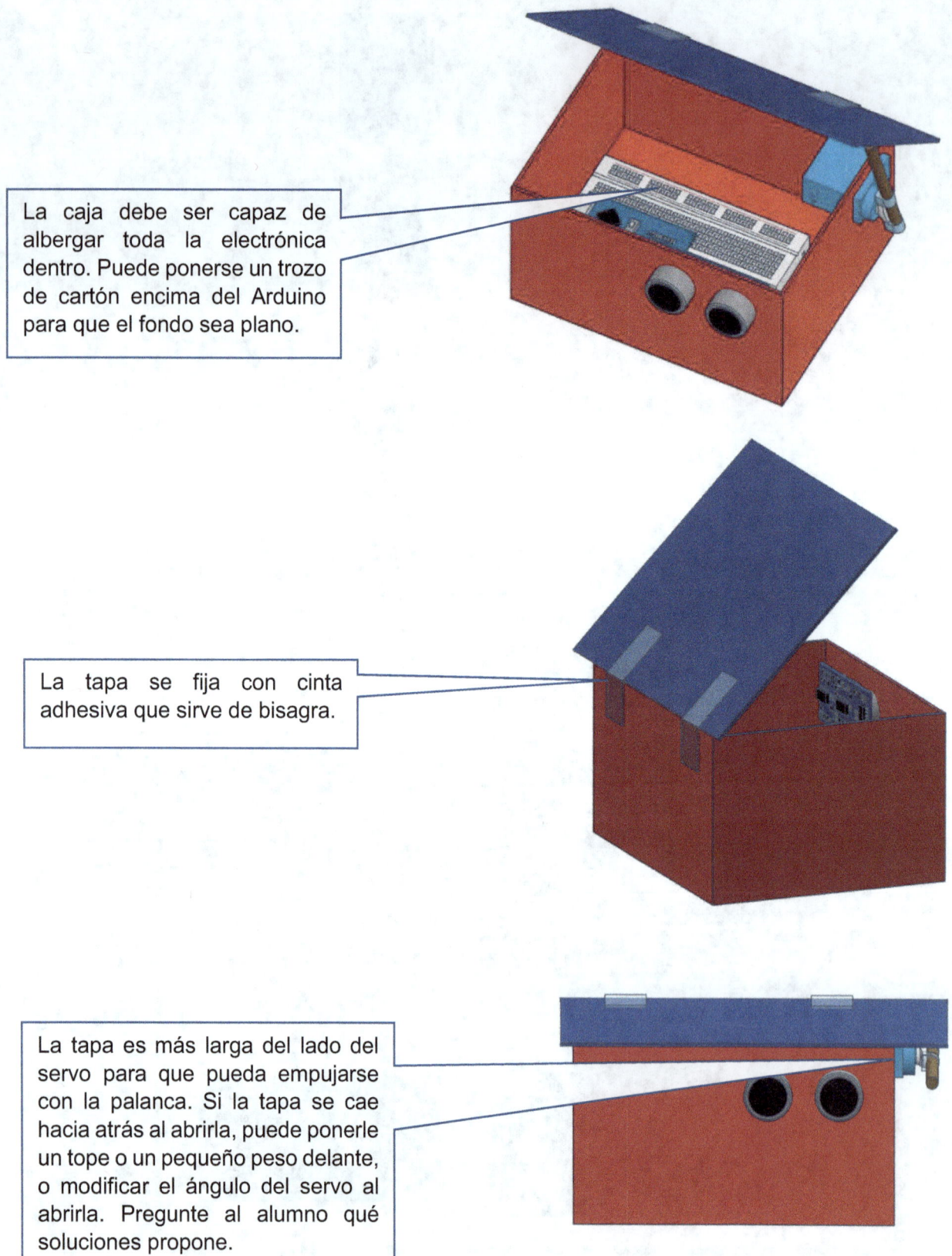

La caja debe ser capaz de albergar toda la electrónica dentro. Puede ponerse un trozo de cartón encima del Arduino para que el fondo sea plano.

La tapa se fija con cinta adhesiva que sirve de bisagra.

La tapa es más larga del lado del servo para que pueda empujarse con la palanca. Si la tapa se cae hacia atrás al abrirla, puede ponerle un tope o un pequeño peso delante, o modificar el ángulo del servo al abrirla. Pregunte al alumno qué soluciones propone.

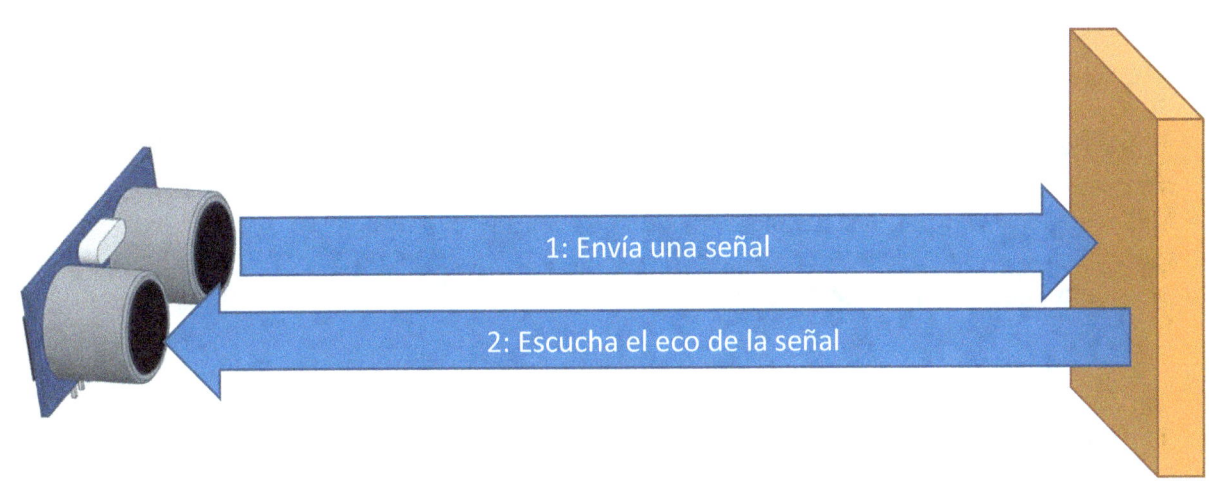

Code

Code also available here: https://bit.ly/3AjYvaR

```cpp
#include <Servo.h>
#define trigPin 7 // el pin TRIG del sensor de distancia se conecta a D7
#define echoPin 6 // el pin ECHO del sensor de distancia se conecta a D6
Servo tapa; // el servomotor se llama "tapa"

void setup() {
  pinMode(trigPin, OUTPUT); // el pin 7 es para enviar información
  pinMode(echoPin, INPUT); // el pin 6 es para recibir información
  tapa.attach(9); // el servomotor se conecta a D9
}

void loop() {
  long duracion, distancia; // declaración de 2 variables para almacenar el tiempo (duracion) y la distancia (distancia)
  digitalWrite(trigPin, LOW); // para empezar, asegurar que no está enviando un pulso de ultrasonidos
  delayMicroseconds(2); // esperar 2 microsegundos para evitar el eco
  digitalWrite(trigPin, HIGH); // enviar pulso
  delayMicroseconds(10); // el pulso dura 10 microsegundos
  digitalWrite(trigPin, LOW); // detener el pulso
  duracion = pulseIn(echoPin, HIGH); // escuchar para saber cuándo se oye el eco del pulso
  distancia = (duracion / 2) / 29.1;
  // La velocidad del sonido es 343 metros/segundo, equivalente a 1 centímetro cada 29.1 microsegundos
  // El pulso sale del sensor, rebota en el objeto y regresa al sensor, es decir, la distancia que recorre
  // es el doble de la distancia al objeto. Por tanto, "duracion" hay que dividirla por 2,
  // y la distancia es la duracion, dividida por 2, y dividida por 29.1

  if (distancia < 5) { // si la distancia es menor que 5 cm
    tapa.write(20); // abre la tapa (se debe cambiar este valor si la tapa no abre correctamente)
  } else { // si no,
    tapa.write(90); // mantener la tapa cerrada
  }
  delay(500); // esperar ½ segundo para enviar otro pulso
}
```

Capítulo 8: La mano Robótica

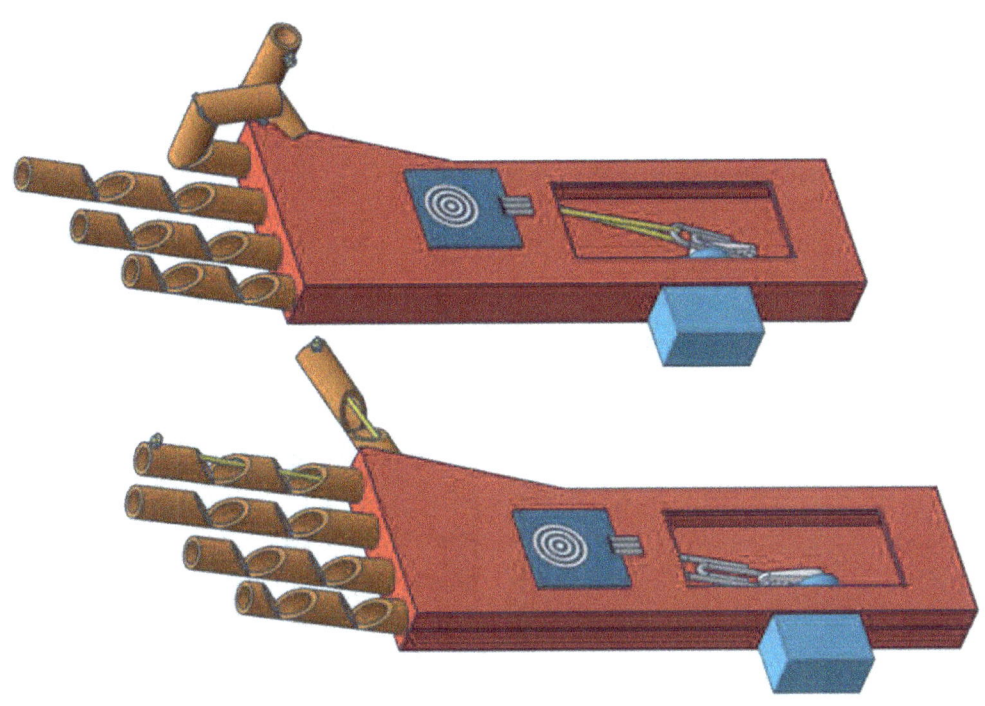

Descripción del Proyecto	El estudiante construirá una mano robótica que, al tocar un sensor táctil, sea capaz de pellizcar con el dedo índice y el pulgar. Este robot utiliza un servomotor de 180 grados y un sensor táctil. El cuerpo del robot puede estar hecho de cualquier material, desde láminas de espuma hasta una pequeña caja. Los dedos están hechos de pajitas para beber y se mueven con cuerdas delgadas. El código utiliza SERIALPRINT para recibir retroalimentación del sensor en el ordenador.
Materias STEM a buscar en Internet	Investigue cómo se mueven los dedos en una mano humana real. ¿Dónde están situados los músculos? ¿A dónde están unidos los tendones? ¿Cómo funciona un sensor táctil? ¿Qué detecta este sensor? Si colocas un papel entre el sensor y tu dedo, ¿por qué sigue funcionando? Busque la "Hoja de datos del SG90" en un navegador e investigue las especificaciones técnicas de los servomotores que estamos utilizando. ¿Qué es el par de bloqueo? ¿Por qué es importante el par de bloqueo para la mano? El código de esta mano utiliza 2 estados para el sensor: ALTO y BAJO. Un sensor que solo puede enviar 2 valores es un sensor digital. Investiga la diferencia entre un sensor digital y uno analógico.
Componentes	Placa de prototipos Cable USB de programación Arduino Nano Cables Dupont macho-macho Cables Dupont macho-hembra Sensor táctil Servomotor SG 90 de 180 grados

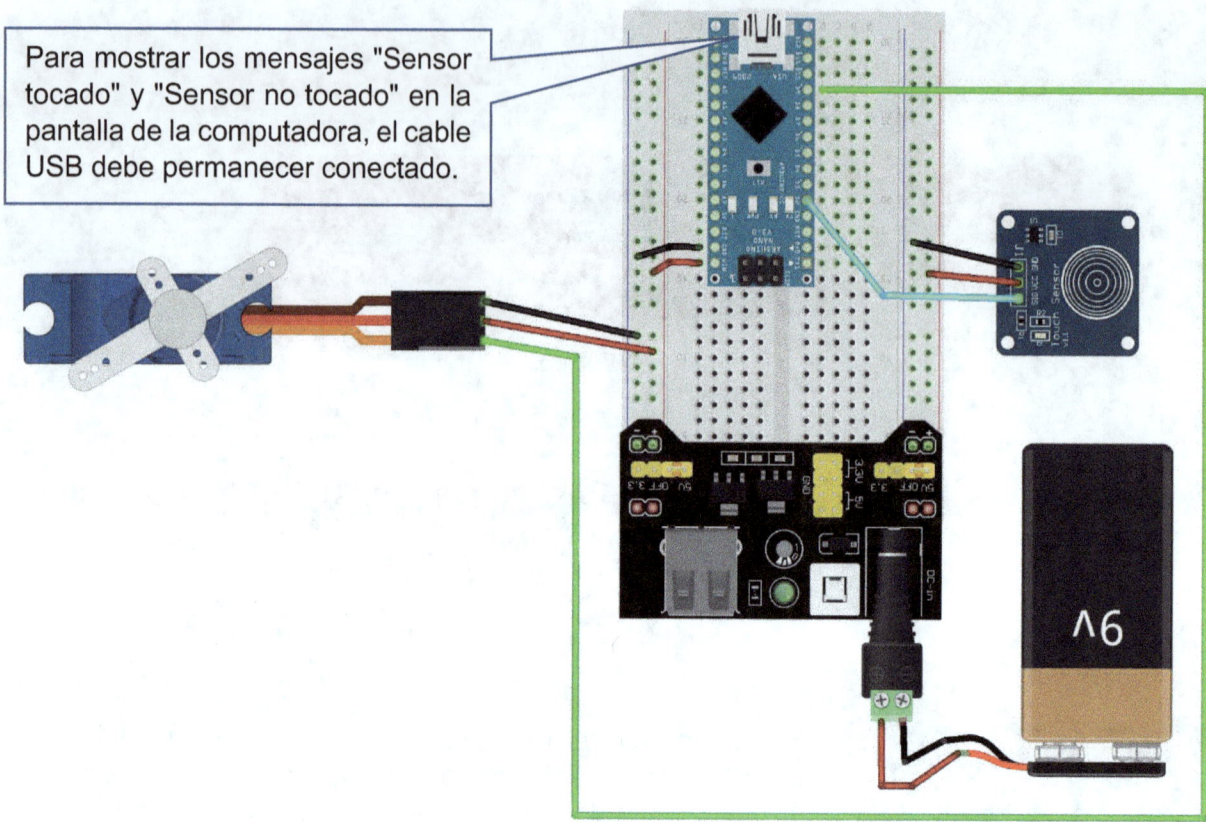

Para mostrar los mensajes "Sensor tocado" y "Sensor no tocado" en la pantalla de la computadora, el cable USB debe permanecer conectado.

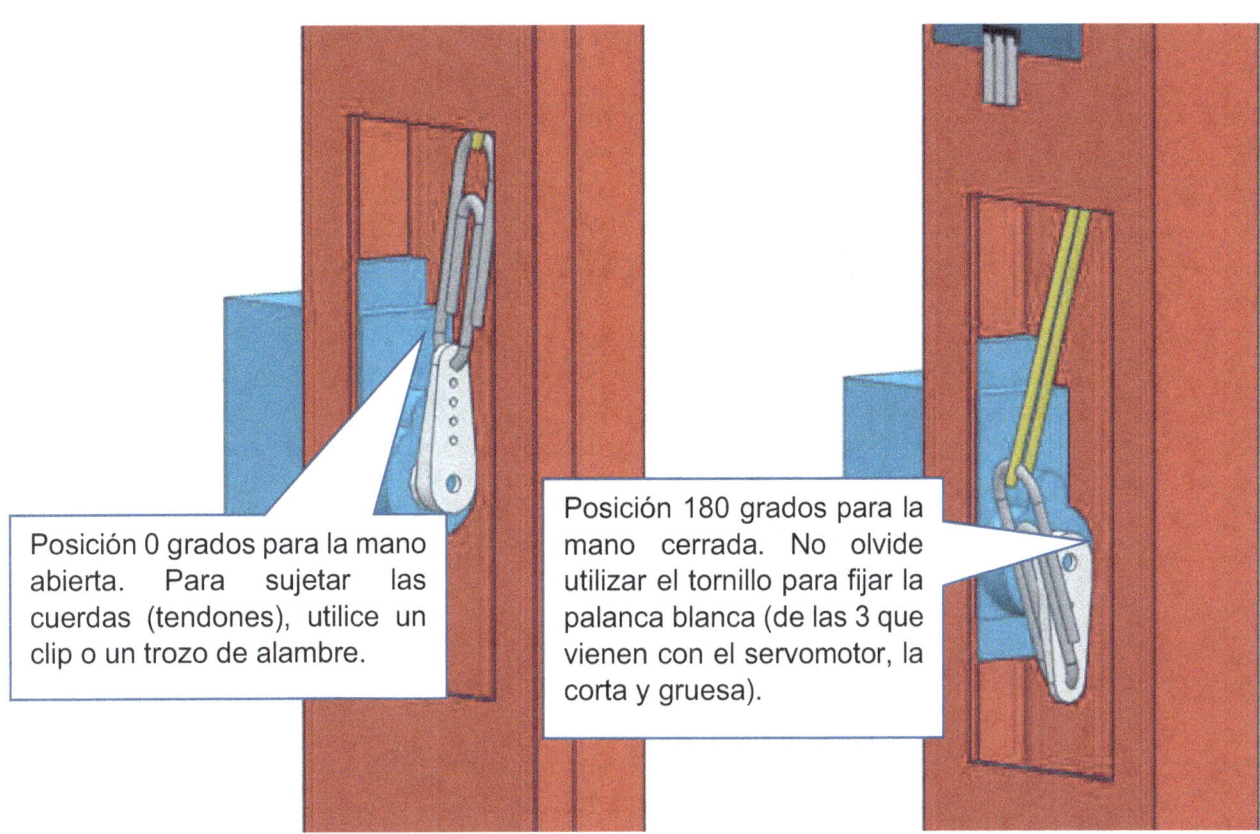

Posición 0 grados para la mano abierta. Para sujetar las cuerdas (tendones), utilice un clip o un trozo de alambre.

Posición 180 grados para la mano cerrada. No olvide utilizar el tornillo para fijar la palanca blanca (de las 3 que vienen con el servomotor, la corta y gruesa).

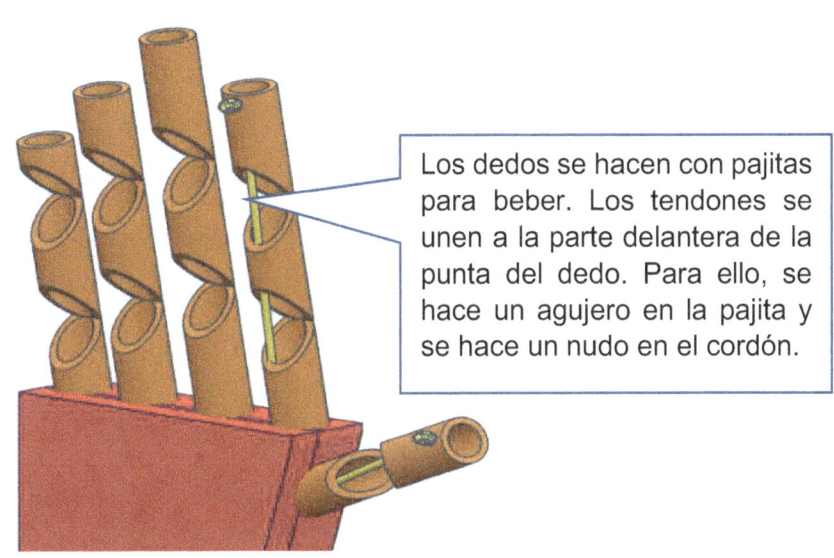

Los dedos se hacen con pajitas para beber. Los tendones se unen a la parte delantera de la punta del dedo. Para ello, se hace un agujero en la pajita y se hace un nudo en el cordón.

Abrir el Arduino Serial Monitor. El Serial Monitor muestra información enviada desde el Arduino al ordenador.

Elegir el valor 9600 baud para la velocidad de conexión.

Code — Código disponible también aquí: https://bit.ly/3AjYvaR

```cpp
#include <Servo.h> // Biblioteca para usar servos

Servo fingers; // Nombre del 'fingers'

void setup() {
  pinMode(2, INPUT); // Asigna pin D2 para entrada de recepción de información
  Serial.begin(9600); // Inicializa comunicación con el ordenador via USB a 9600 baud (es la velocidad de transmisión de datos)
  fingers.attach(9); // Conecta el servomotor al pin D9
  fingers.write(0); // Pone la posición inicial del servomotor a cero grados
  delay(500); // Espera ½ segundo para dar tiempo al servo para moverse a la posición de 0 grados
  }
void loop() {
 if (digitalRead(2) == HIGH) { // El sensor es digital y da 2 valores: HIGH y LOW. Si se toca, devuelve HIGH
    Serial.println("Sensor tocado"); // Si se toca el sensor, muestra "Sensor tocado" en la pantalla del ordenador
    fingers.write(180); // Mueve el servomotor a la posición de 180 grados
    delay(50); // Espera 50 milisegundos para comprobar el sensor de nuevo
  }
 if (digitalRead(2) == LOW) { // si el sensor no es tocado (LOW)
    Serial.println("Sensor no tocado"); // Muestra "Sensor no tocado" en la pantalla del ordenador
    fingers.write(0); // Mueve el servomotor a la posición de 0 grados
    delay(50); // Espera 50 milisegundos para comprobar el sensor de nuevo
  }
}
```

Capítulo 9: La Grúa

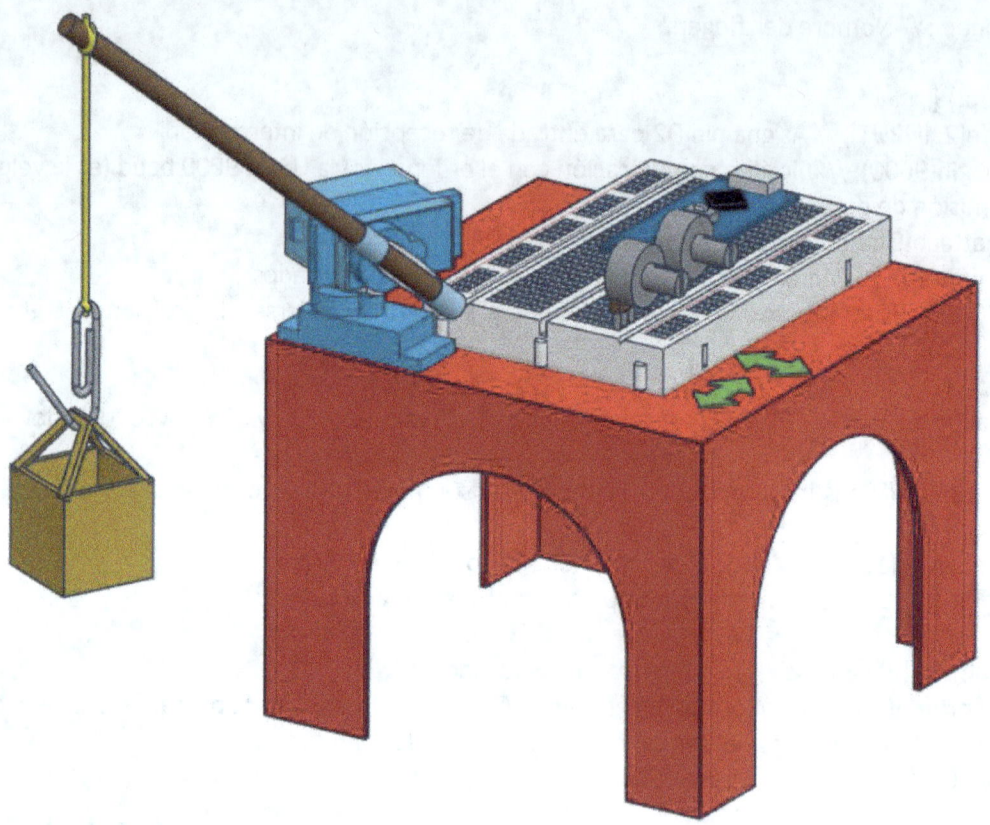

Descripción del Proyecto	El estudiante construirá una grúa que es un brazo robótico simple de 2 ejes. La grúa se controla con 2 potenciómetros. Con este proyecto, el estudiante aprenderá a interpolar (MAP) los datos del potenciómetro para mover los servos. El cuerpo del robot puede estar hecho de cualquier material, desde láminas de espuma hasta una caja pequeña. El mástil de la grúa puede estar hecho con una varilla de madera o una pajita para beber.
Materias STEM a buscar en Internet	Investigue sobre la interpolación de datos y sus consecuencias. ¿Cómo funciona un potenciómetro? Esta grúa es un robot de 2 ejes. ¿Qué significa eso? Investiga qué es un brazo robótico de 6 ejes. Averigua cuántos grados gira el potenciómetro que se va a utilizar y calcula cuántos grados tienes que girar el potenciómetro para girar 1 grado en cada servomotor.
Componentes	Placa de prototipos Cable USB de programación Arduino Nano Cables Dupont macho-macho 2 Potenciómetros 2 Servomotores SG 90 de 180 grados

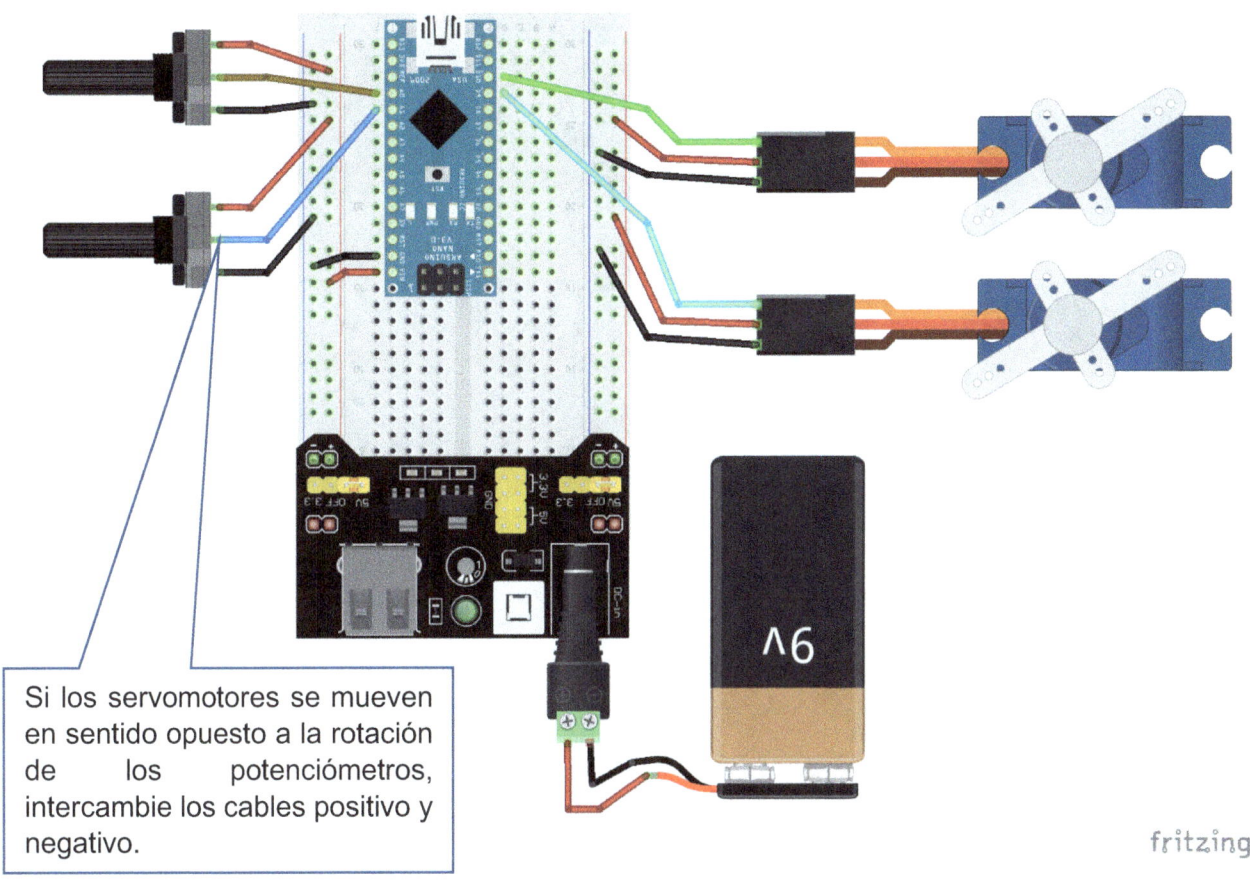

Si los servomotores se mueven en sentido opuesto a la rotación de los potenciómetros, intercambie los cables positivo y negativo.

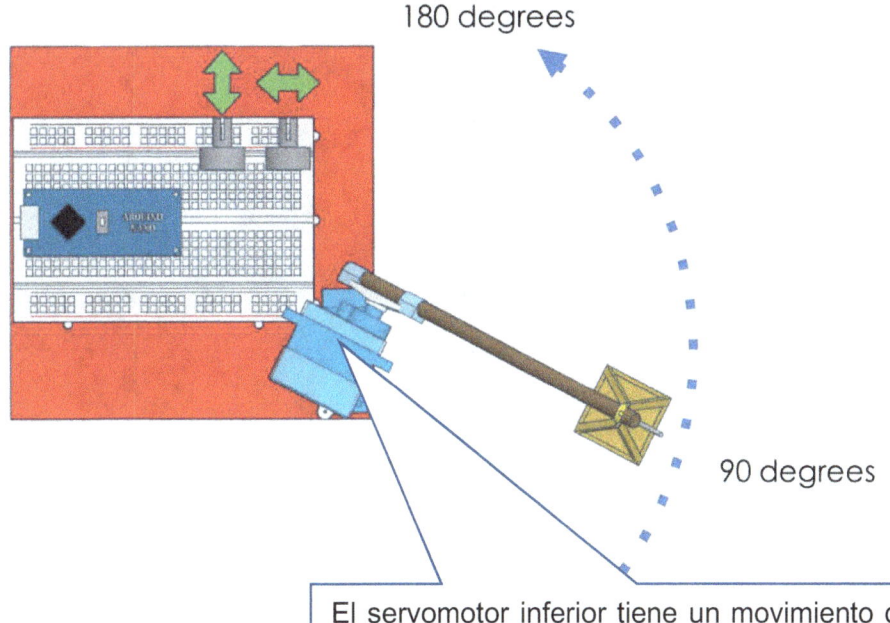

180 degrees

90 degrees

0 degrees

El servomotor inferior tiene un movimiento de 180 grados para cubrir un semicírculo. El servomotor superior tiene un movimiento de solo 90 grados, ya que solo necesita bajar hasta que el balde toque el suelo y elevar el balde a un ángulo de 45 grados (hacia arriba).

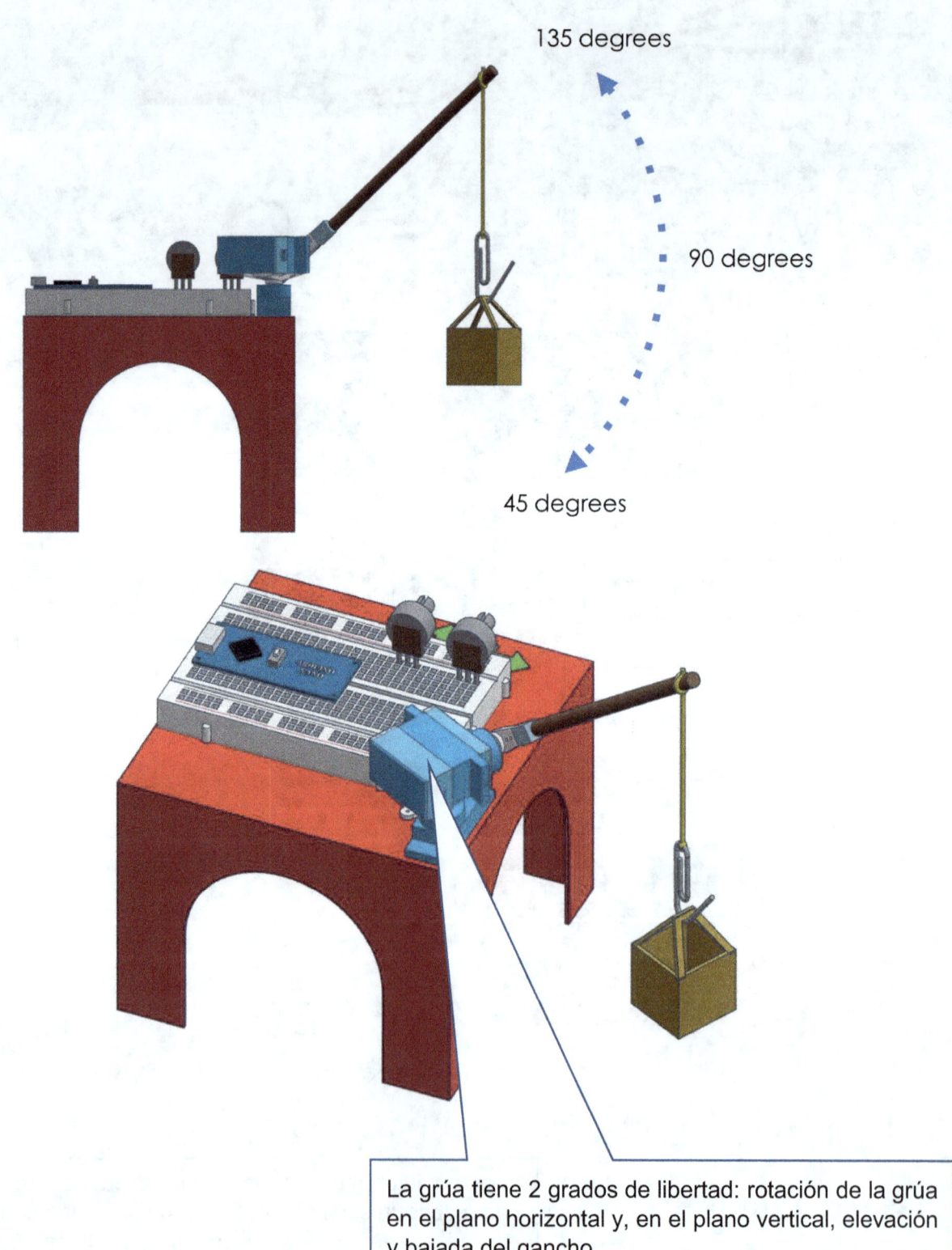

La grúa tiene 2 grados de libertad: rotación de la grúa en el plano horizontal y, en el plano vertical, elevación y bajada del gancho.

Code

Código disponible también aquí: https://bit.ly/3AjYvaR

```cpp
#include <Servo.h>
Servo rotate; // servo inferior que rota 180 grados
Servo updown; // servo superior que rota 90 grados
int potpinr = A0; // El pin central del potenciómetro que usaremos para rotar la base 180 grados se conecta al puerto A0 del Arduino.
    // Se crea la variable potpinr para referirnos a ese pin (el nombre potpinr hace referencia a POTenciómetro PIN Rotar)
int potpinud = A1; // El pin central del potenciómetro que usaremos para subir y bajar el gancho 90 grados se conecta al puerto A1 del Arduino.
    // Se crea la variable potpinud para referirnos a ese pin (el nombre potpinud hace referencia a POTenciómetro PIN UP Down)
int valr;  // variable para almacenar la posición del servo inferior (la base)
int valud; // variable para almacenar la posición del servo superior (el gancho)
void setup() {
  rotate.attach(9);   // conecta el cable naranja del servomotor de la base al puerto D9
  updown.attach(10);  // conecta el cable naranja del servomotor del gancho al puerto D10
  pinMode(A0, INPUT); // usar pin A0 y pin A1 para leer datos (INPUT).
  pinMode(A1, INPUT); // estos son los 2 pines a los que se conectan los potenciómetros
}
void loop() {
  valr = analogRead(potpinr);  // lee el valor del potenciómetro de la base (está entre 0 y 1023 ya que es un pin analógico)
  valr = map(valr, 0, 1023, 0, 180); // La función MAP escala el rango 0-1023 al rango 0-180, el válido para el servomotor
  rotate.write(valr); // Coloca el servomotor de la base en la posición indicada por la variable valr
  delay(15);  // Pausa de 15 milisegundos para dar tiempo al servomotor para alcanzar la nueva posición.
  valud = analogRead(potpinud);  // lee el valor del potenciómetro para mover el gancho arriba y abajo (está entre 0 y 1023 ya que es un pin analógico)
  valud = map(valud, 0, 1023, 45, 135); // La función MAP escala el rango 0-1023 al rango 45-135, el válido para el servomotor.
      // In este caso, vamos de 45 a 135 porque el gancho solo necesita moverse 90 grados
  updown.write(valud); // Coloca el servomotor del gancho en la posición indicada por la variable valud
  delay(15); // Pausa de 15 milisegundos para dar tiempo al servomotor para alcanzar la nueva posición.
}
```

Capítulo 10: Concurso de catapultas

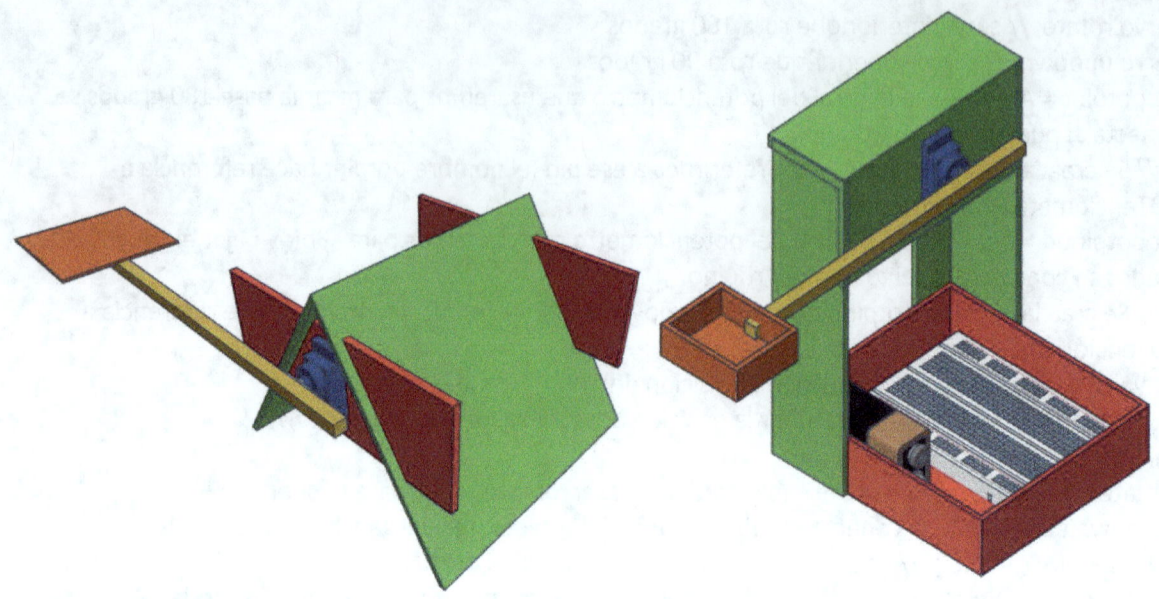

Descripción del Proyecto	El alumno construirá una catapulta utilizando los conceptos aprendidos en las lecciones anteriores. El diseño de la catapulta y el código a utilizar deben cumplir con reglas predefinidas.
Materias STEM a buscar en Internet	Investiga diferentes tipos de catapultas ¿Qué es una palanca para lanzar una lanza y cómo funciona? ¿Puedes usarla en tu catapulta? El trabuquete es un tipo avanzado de catapulta. Investiga si puedes usar el diseño del trabuquete para tu catapulta. El peso del proyectil, el ángulo que describe el brazo, la longitud del brazo y la posición inicial y final del brazo afectan la distancia que recorrerá el proyectil. Haz un cuadro para que puedas registrar las distancias logradas al cambiar estos parámetros para averiguar cuáles son los parámetros ideales.
Componentes	Placa de prototipos Cable USB de programación Arduino Nano Cables Dupont macho-macho Servomotor SG 90 de 180 grados

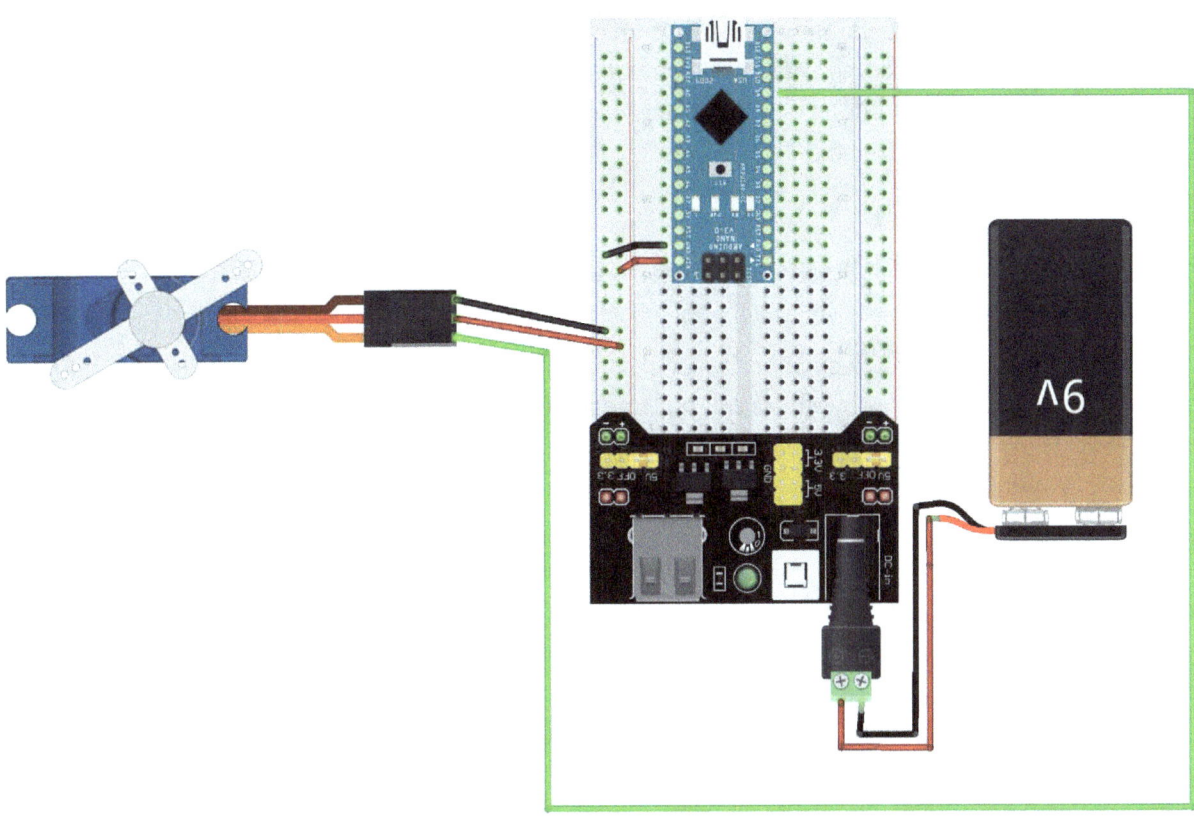

Reglas para el concurso de catapultas robóticas

Objetivo:

Lanzar una piedra (u objeto similar) lo más lejos posible con una catapulta construida por el participante utilizando los siguientes materiales:

- Un trozo de cartón o similar de máximo 30x30 cm. (Madera contrachapada fina, lámina de plástico corrugado o cualquier otro material que pueda ser cortado fácilmente con tijeras o cúter por el participante).
- Bridas, alambre, cinta adhesiva, cola, pegamento o cualquier otro elemento necesario para el montaje de la catapulta.
- Una varilla de madera de máximo 30 cm que servirá como brazo de palanca para la catapulta.
- Un servomotor "SG90" de 180 grados. Este es el servo más común utilizado en proyectos Arduino. Es de color azul transparente. NO se aceptará ningún otro tipo de servomotor.
- Un Arduino (Nano, Uno o similar)
- 3 cables para conectar el Arduino al servomotor
- Fuente de alimentación para el Arduino y el servomotor. Ambos componentes comparten la misma fuente de alimentación.
- Una placa de pruebas para Arduino (opcional)

- Un proyectil que puede ser una piedra o un objeto similar. El tamaño y el peso del objeto es de libre elección del participante, pero tiene que poder ser lanzado por el brazo de palanca de la catapulta. No se permiten objetos en suspensión como aviones de papel, discos voladores o globos.

Reglas:

El participante debe construir la estructura de la catapulta y la "cuchara" donde colocar el proyectil con el cartón proporcionado.

La estructura de la catapulta debe poder alojar el servo y el brazo de palanca debe estar conectado al brazo del servo. Al lanzar el proyectil, la catapulta debe permanecer en una sola pieza y poder volver a armarse sin la intervención del participante, es decir, el brazo de palanca vuelve a su posición inicial y está listo para otro disparo.

El participante puede elegir:

- En qué ángulo comienza el lanzamiento del objeto
- En qué ángulo termina el lanzamiento
- Velocidad angular del servomotor
- Longitud del brazo de palanca
- Diseño de la "cuchara" que se posiciona en el brazo de palanca para sostener el objeto a lanzar.
- Peso y dimensiones del objeto a lanzar.

La catapulta debe poder descansar sobre una mesa y sostenerse por sí sola, pero el participante puede sujetar la base de la catapulta durante el lanzamiento para evitar que caiga al suelo.

La catapulta debe situarse en el borde delantero de una mesa de unos 90 cm de altura para lanzar el proyectil. La distancia de lanzamiento se mide en línea recta perpendicular al borde delantero de la mesa, y se tiene en cuenta la distancia del primer impacto del proyectil con el suelo, NO LOS REBOTES.

Se anima a los estudiantes a personalizar el código Arduino proporcionado en este ejercicio, potencialmente utilizando herramientas de IA para mejorar sus creaciones.

Cada participante tiene la posibilidad de lanzar el proyectil dos veces. Si el primer disparo no le satisface, puede lanzar de nuevo, pero en este caso, la distancia retenida será la del segundo disparo.

Code — Código disponible también aquí: https://bit.ly/3AjYvaR

```
void setup() {
catapult.attach(9);
}
void loop() {
catapult.write(0);
delay(5000);

catapult.write(80);
delay(1000);
}
```

Capítulo 11: Comenzamos a programar.

Los primeros proyectos de este libro utilizan un código muy sencillo, que además está profusamente comentado para que el alumno, aunque no sepa programar, pueda entender el programa sin ninguna dificultad.

Es el momento de empezar a entender cómo funciona el programa, cómo utilizar los bucles y los diferentes tipos de operadores y variables que utiliza Arduino. En este libro se explican únicamente los conceptos básicos necesarios para la realización de los proyectos de este libro. En la web de Arduino se puede encontrar un manual completo del lenguaje de programación Arduino en https://www.arduino.cc/reference/es/

Variables

Una variable es un espacio de memoria en el que se almacena un dato.

Una variable tiene un TIPO, un NOMBRE, y un VALOR.

$$\text{int angle = 90;}$$

Cada línea de un programa acaba con punto y coma;

Una línea de un programa se llama SENTENCIA.

$$\text{int angle = 90;}$$

Esta sentencia ejemplo significa lo siguiente: "Estoy creando una variable, que es un entero, que se llama "angle", y a la que le voy a dar un valor inicial de 90".

El valor de una variable puede cambiar en el programa.

En esta sentencia:

$$\text{int angle = 90;}$$

... el valor inicial es 90

Esta sentencia:

$$\text{angle = 180;}$$

... cambia el valor de 90 a 180.

> Rompecabezas: ¿Cuál es el resultado de estas sentencias?
>
> int angle1 = 90;
>
> int angle2 = angle1;
>
> angle1 = 180;
>
> El resultado de estas sentencias es... ...
>
> A) angle1 = 90, angle2 = 90
>
> B) angle1 = 180, angle2 = 180
>
> C) angle1 = 180, angle2 = 90
>
> D) angle1 = 90, angle2 = 180
>
> E) Error!
>
> *(La respuesta en la página siguiente)*

Las variables pueden ser locales o globales. En este caso, "angle" es una variable global y puede usarse en todo el programa.

int angle = 90;

void setup()

{

SENTENCIAS

}

void loop()

{

SENTENCIAS

}

> Respuesta correcta:
>
> C) angle1 = 180, angle2 = 90

En el siguiente caso, "angle" es una variable local que solo se puede usar en la (void) función "move".

void setup()

{

SENTENCIAS

}

void loop()

{

SENTENCIAS

}

void move()

{

int angle = 90;

SENTENCIAS

}

Tipos de variables

int: Se usa para almacenar números enteros. Usa 2 Bytes de memoria. El rango de números enteros admisibles es —32768 a 32767.

float: Usado para números con decimales. Utiliza 4 Bytes de memoria (32 bits). Float se usa normalmente para datos que necesitan mucha precisión (datos analógicos).

char: Se utiliza para caracteres (o números que no son de cálculo). Usa, al menos, 1 Byte de memoria. Los caracteres se almacenan como los números correspondientes de la tabla ASCII que se muestra a continuación.

Binary	Hex	Decimal	esc	Char	Description
0000 0000	0	0	\0	NUL	Null character
0000 0001	1	1		SOH	Start of Header
0000 0010	2	2		STX	Start of Text
0000 0011	3	3		ETX	End of Text
0000 0100	4	4		EOT	End of Transmission
0000 0101	5	5		ENQ	Enquiry
0000 0110	6	6		ACK	Acknowledgment
0000 0111	7	7	\a	BEL	Bell
0000 1000	8	8	\b	BS	Backspace
0000 1001	9	9	\t	HT	Horizontal Tab
0000 1010	A	10	\n	LF	Line Feed
0000 1011	B	11	\v	VT	Vertical Tab
0000 1100	C	12	\r	FF	Form Feed
0000 1101	D	13		CR	Carriage Return
0000 1110	E	14		SO	Shift Out
0000 1111	F	15		SI	Shift In
0001 0000	10	16		DLE	Data Link Escape
0001 0001	11	17		C1 (XON)	Device Control 1
0001 0010	12	18		DC2	Device Control 2
0001 0011	13	19		DC3(XOFF)	Device Control 3
0001 0100	14	20		DC4	Device Control 4
0001 0101	15	21		NAK	Negativ Acknowledgemnt
0001 0110	16	22		SYN	Synchronous Idle
0001 0111	17	23		ETB	End of Transmission Block
0001 1000	18	24		CAN	Cancel
0001 1001	19	25		EM	End of Medium
0001 1010	1A	26		SUB	Substitute
0001 1011	1B	27	\e	ESC	Escape
0001 1100	1C	28		FS	File Separator
0001 1101	1D	29		GS	Group Separator
0001 1110	1E	30		RS	Reqst to Send
0001 1111	1F	31		US	Unit Separator

Binary	Hex	Decimal	Char
0010 0000	20	32	(space)
0010 0001	21	33	!
0010 0010	22	34	"
0010 0011	23	35	#
0010 0100	24	36	$
0010 0101	25	37	%
0010 0110	26	38	&
0010 0111	27	39	'
0010 1000	28	40	(
0010 1001	29	41	)
0010 1010	2A	42	*
0010 1011	2B	43	+
0010 1100	2C	44	,
0010 1101	2D	45	-
0010 1110	2E	46	.
0010 1111	2F	47	/
0011 0000	30	48	0
0011 0001	31	49	1
0011 0010	32	50	2
0011 0011	33	51	3
0011 0100	34	52	4
0011 0101	35	53	5
0011 0110	36	54	6
0011 0111	37	55	7
0011 1000	38	56	8
0011 1001	39	57	9
0011 1010	3A	58	:
0011 1011	3B	59	;
0011 1100	3C	60	<
0011 1101	3D	61	=
0011 1110	3E	62	>
0011 1111	3F	63	?

Binary	Hex	Decimal	Char
0100 0000	40	64	@
0100 0001	41	65	A
0100 0010	42	66	B
0100 0011	43	67	C
0100 0100	44	68	D
0100 0101	45	69	E
0100 0110	46	70	F
0100 0111	47	71	G
0100 1000	48	72	H
0100 1001	49	73	I
0100 1010	4A	74	J
0100 1011	4B	75	K
0100 1100	4C	76	L
0100 1101	4D	77	M
0100 1110	4E	78	N
0100 1111	4F	79	O
0101 0000	50	80	P
0101 0001	51	81	Q
0101 0010	52	82	R
0101 0011	53	83	S
0101 0100	54	84	T
0101 0101	55	85	U
0101 0110	56	86	V
0101 0111	57	87	W
0101 1000	58	88	X
0101 1001	59	89	Y
0101 1010	5A	90	Z
0101 1011	5B	91	[
0101 1100	5C	92	\
0101 1101	5D	93	]
0101 1110	5E	94	^
0101 1111	5F	95	_

Binary	Hex	Decimal	Char
0110 0000	60	96	`
0110 0001	61	97	a
0110 0010	62	98	b
0110 0011	63	99	c
0110 0100	64	100	d
0110 0101	65	101	e
0110 0110	66	102	f
0110 0111	67	103	g
0110 1000	68	104	h
0110 1001	69	105	i
0110 1010	6A	106	j
0110 1011	6B	107	k
0110 1100	6C	108	l
0110 1101	6D	109	m
0110 1110	6E	110	n
0110 1111	6F	111	o
0111 0000	70	112	p
0111 0001	71	113	q
0111 0010	72	114	r
0111 0011	73	115	s
0111 0100	74	116	t
0111 0101	75	117	u
0111 0110	76	118	v
0111 0111	77	119	w
0111 1000	78	120	x
0111 1001	79	121	y
0111 1010	7A	122	z
0111 1011	7B	123	{
0111 1100	7C	124	|
0111 1101	7D	125	}
0111 1110	7E	126	~
0111 1111	7F	127	

char myChar = 'A';

char myChar = 65; // ¡¡Estas 2 sentencias son la misma!!

Operadores

En el código de Arduino, un operador es un símbolo que le indica al compilador que realice operaciones matemáticas, lógicas o manipulativas específicas en uno o más operandos. Los operadores se utilizan para procesar datos y variables dentro del programa. La siguiente tabla muestra los principales tipos de operadores utilizados en la programación de Arduino:

Operador	Símbolo	Descripción	Ejemplo Variable A = 10 Variable B = 20
Asignación	=	Almacena el valor a la derecha del signo igual en la variable a la izquierda del signo igual.	A = B (A = 20 and B = 20)
Adición	+	Suma los dos operandos.	A + B = 30
Substracción	-	Resta el segundo operando del primero.	A - B = -10
Multiplicación	*	Multiplica ambos operandos.	A * B = 200
División	/	Divide el primer operando por el segundo.	B / A = 2
Suma 1	++	Suma 1 al valor de la variable.	A++ (A = 11)
Resta 1	- -	Resta 1 al valor de la variable.	B- - (B = 19)

Es igual a	==	Checa si los valores de las variables A y B son iguales	A == B
No es igual a	!=	Checa si los valores de las variables A y B NO son iguales	A != B
Es menor o igual que	<=	Checa si el primer valor es menor o igual que el segundo	A <= B
Es mayor o igual que	>=	Checa si el primer valor es mayor o igual que el segundo	A >= B
Es menor que	<	Checa si el primer valor es menor que el segundo valor	A < B
Es mayor que	>	Checa si el primer valor es mayor que el segundo valor	A > B

If, then, else

Al utilizar una sentencia if, el código en su cuerpo solo se ejecuta cuando la sentencia if se evalúa como verdadera. Si se evalúa como falsa, el programa omite el código en el cuerpo de la sentencia if y pasa a la sentencia else. El código en el cuerpo de la declaración else se ejecutará cuando su declaración if correspondiente se evalúe como falsa.

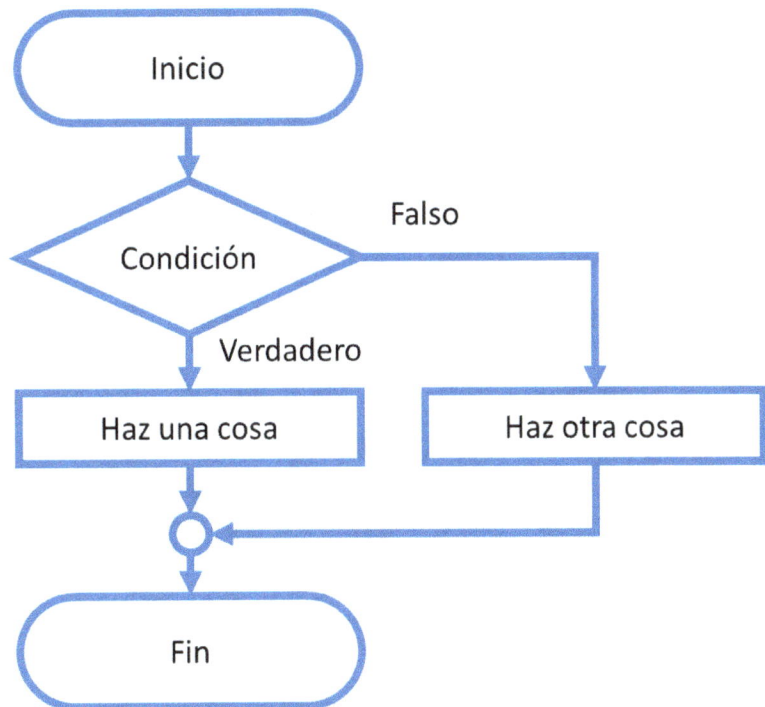

Este programa Arduino es un ejemplo de uso de las sentencias If, then, else:

```
void setup() {
  // Código de inicialización
}
void loop() {
  // Bucle del Programa Principal
  int sensorValue = analogRead(A0);  // Lee la entrada analógica del pin A0
  int threshold = 500;              // Establece valor umbral
  if (sensorValue > threshold) {
    // el valor del sensor es mayor que el umbral
    // Ejecuta las sentencias cuando la condición es verdadero
    digitalWrite(13, HIGH);   // Enciende el LED conectado al pin 13
  } else {
    // Si el valor del sensor no es mayor que el umbral
    // Ejecuta las sentencias cuando la condición es falo
    digitalWrite(13, LOW);    // Apaga el LED conectado al pin 13
  }
  // Continua con otras tareas en el bucle
}
```

Este código chequea continuamente el valor del sensor y enciende o apaga el LED dependiendo de si el valor del sensor es mayor o no que el umbral.

Bucles

While loop

El bucle se ejecuta siempre que la condición entre paréntesis sea verdadera. Por ejemplo, un bucle while se puede utilizar para repetir algo 200 veces incrementando una variable. Un bucle while también se puede utilizar para crear un bucle infinito escribiendo "true" como condición, pero esto no suele ser útil porque la sección del bucle void ya es infinita.

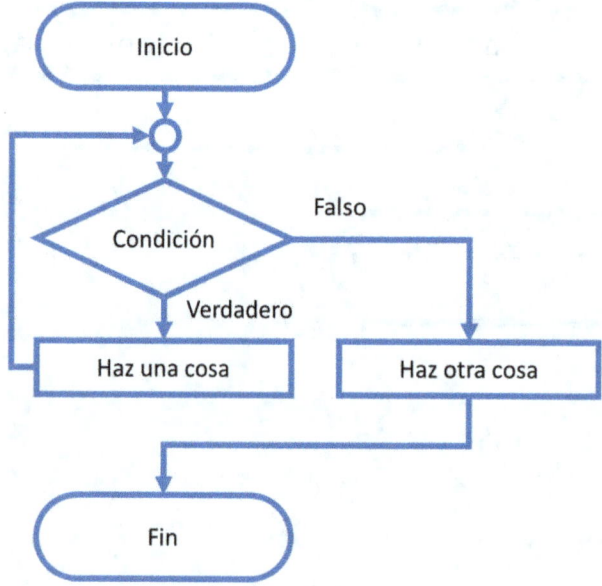

Este programa Arduino es un ejemplo de uso de la sentencia while:

```
void setup() {
// códicgo de inicialización
}
 void loop() {
// Bucle del programa principal
int count = 0;
while (count < 10) {
 // Hacer algo de forma repetitiva hasta que count llegue a 10
 // Por ejemplo, hacer parpadear un LED conectado al pin 13
 digitalWrite(13, HIGH); // Enciende el LED
 delay(500); // Espera 500 milisegundos
 digitalWrite(13, LOW); // Apaga el LED
 delay(500); // Espewra 500 milisegundos
 count++; // Incrementa en 1 la variable count
 }
 // Continua con otras tareas en el bucle
}
```

Este Código hace algo 10 veces y luego continua con otras tareas.

For loop

Este bucle repite un bloque de sentencias encerradas entre llaves y se suele utilizar con matrices para operar en conjuntos de datos o pines. Por ejemplo, se puede utilizar un bucle for para recorrer los pines digitales y encender y apagar los LED en secuencia.

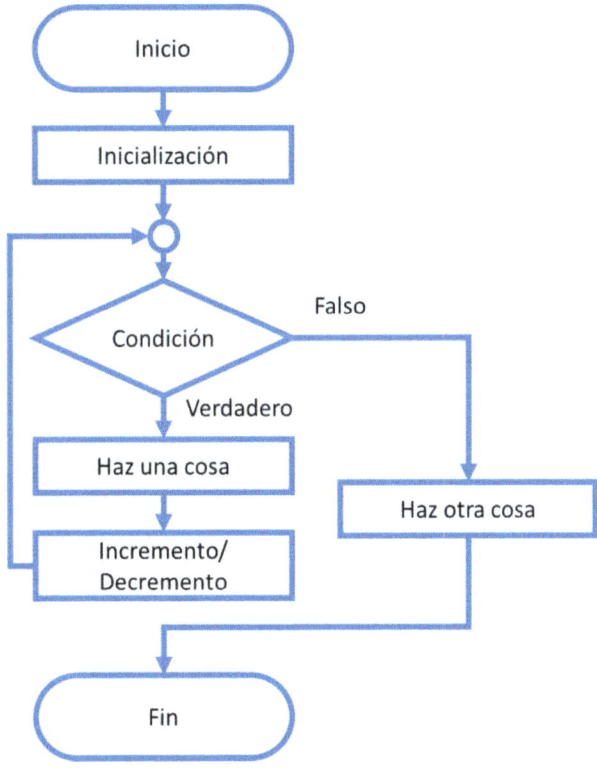

Este programa Arduino es un ejemplo de uso de la sentencia for:

```
void setup() {
  // Código de inicialización
}
void loop() {
  // Bucle del programa principal
  for (int count = 0; count < 10; count++) {
    // Hacer algo repetidamente hasta que count llegue a 10
    // Por ejemplo, que parpadee el LED conectado al pin 13
    digitalWrite(13, HIGH);   // Enciende el LED
    delay(500);               // Espera 500 milisegundos
    digitalWrite(13, LOW);    // Apaga el LED
    delay(500);               // Espera 500 milisegundos
  }
  // Continua con otras tareas en el bucle
}
```

Este Código hace algo 10 veces y luego continua con otras tareas.

Capítulo 12: Indicador de nivel del lavaparabrisas

Nota del autor:

Algunos de mis estudiantes de la Sierra Andina, en Ecuador, me pidieron que les ayudara con un proyecto que consistía en construir un vehículo motorizado desde cero. Los siguientes proyectos automotrices los escribí para estos estudiantes. Todos los proyectos automotrices se pueden instalar en un vehículo, pero tenga en cuenta que no están homologados para su automóvil y que, en algunos casos, pueden invalidar el seguro o la garantía de su vehículo.

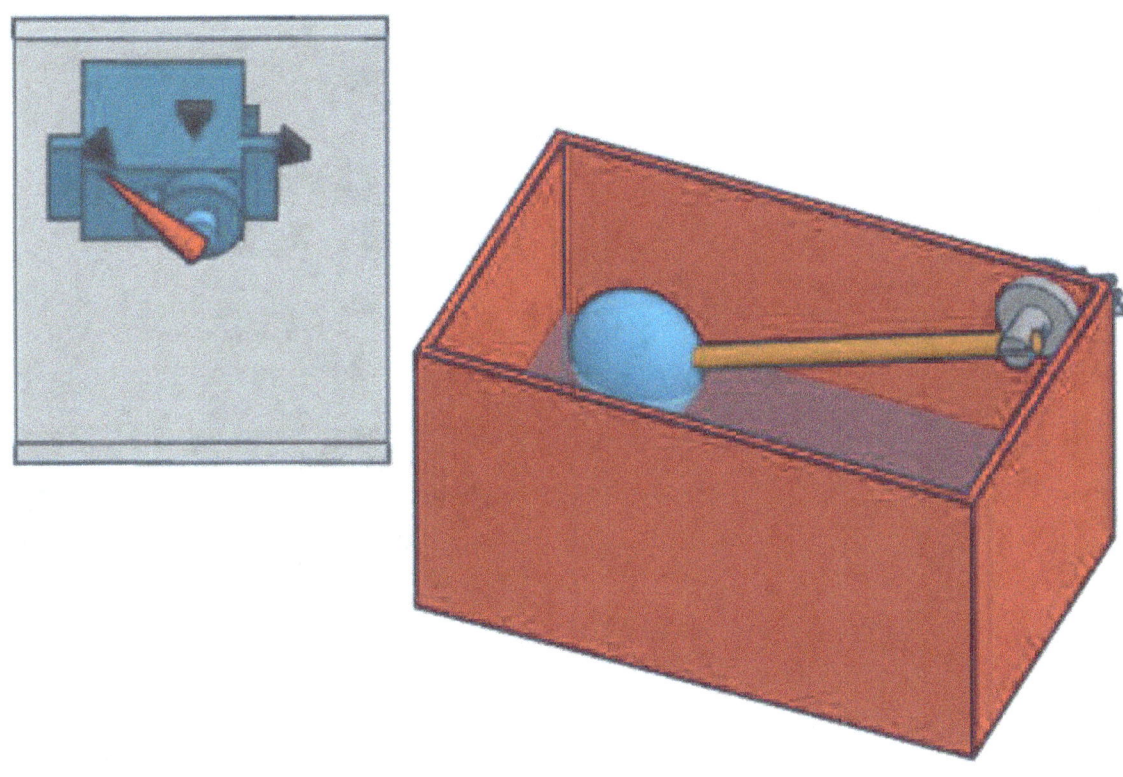

Descripción del Proyecto	El estudiante construirá un medidor para el depósito del lavaparabrisas. (Evite hacer esto para el depósito de gasolina o para cualquier otro líquido inflamable).
Materias STEM a buscar en Internet	El indicador de nivel del limpiaparabrisas que vamos a construir utiliza un flotador para saber la cantidad de líquido que hay en el depósito. Si el líquido se mueve, el indicador también se moverá, dificultando la lectura. ¿Cómo se puede evitar esto? Descubra qué son los deflectores de depósito y cómo funcionan. La señal que envía el potenciómetro en un flotador "real" se filtra. Descubra qué es el filtrado de señales. Los flotadores son un invento genial, pero antes de que se inventaran, existían otras formas de saber el nivel de líquido en un depósito. Descubra, por ejemplo, cómo se medía la gasolina en los depósitos de los primeros VW escarabajos.
Componentes	Placa de prototipos Cable USB de programación Arduino Nano Cables Dupont macho-macho Servomotor SG 90 de 180 grados Potenciómetro

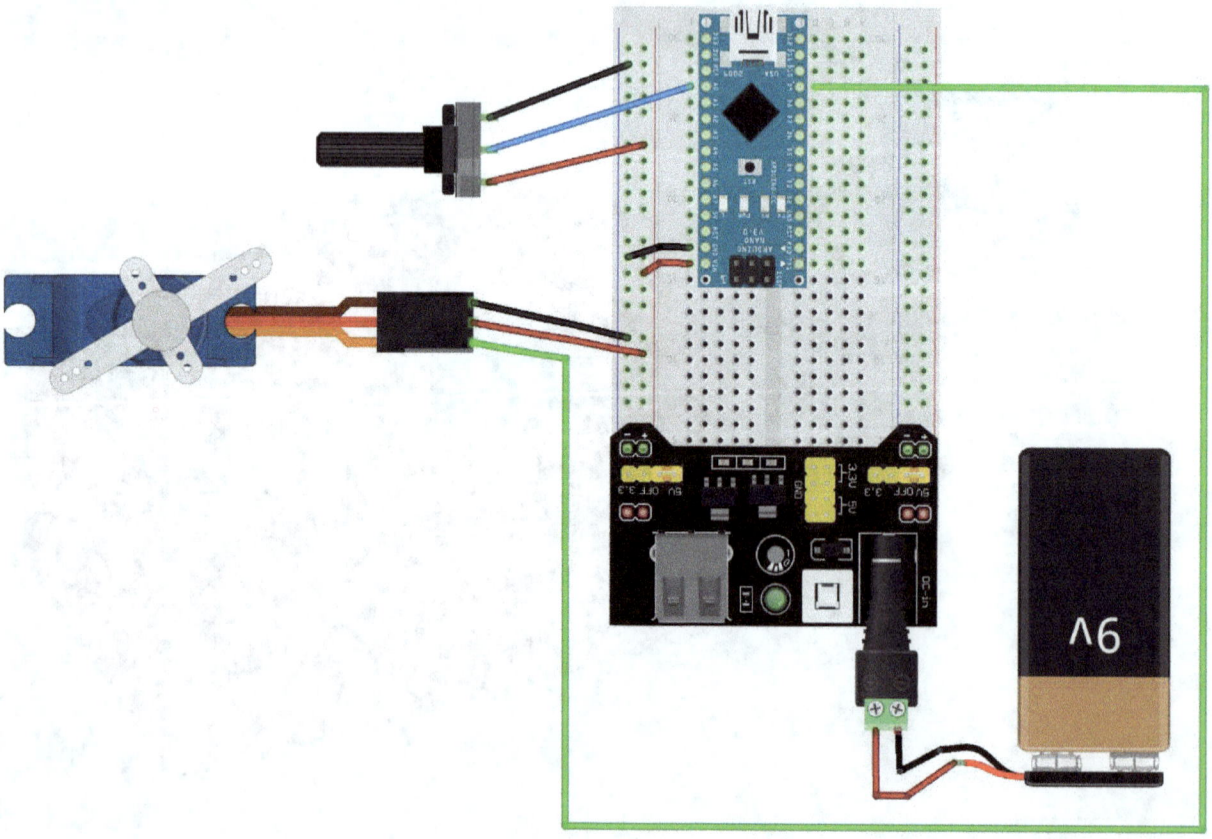

| Code | Código disponible también aquí: https://bit.ly/3AjYvaR |

```cpp
//1 servo controlado por 1 potenciómetro
// potenciómetro a A0 (pin central al Puerto analógico,
// un pin lateral a GND y el otro pin lateral a+5V)
// servo a D9
#include <Servo.h>

Servo meter;
int valpot;   // variable para leer el valor analógico del pin A0
void setup() {
  meter.attach(9);  // conecta el servo en el pin 9 al objeto servo
  pinMode(A0, INPUT); // lee del pin A0
}

void loop() {
  valpot = analogRead(A1);        // lee el valor del potenciómetro (valor entre 0 y 1023)
  valpot = map(valpot, 700, 1023, 10, 170);    // los dos primeros valores son para el potenciómetro
  // (puede variar de 0 a 1023) y los dos últimos
  // valores son para el servo (puede variar de 0 a 180)
// los cuatro valores pueden modificarse para ajustarlos a su proyecto.
  meter.write(valpot);           // posiciona el servo en la position valpot
  delay(30);                     // espera para que el servo se mueva
}
```

Capítulo 13: Limpiaparabrisas (sin aparcamiento automático)

Descripción del Proyecto	El estudiante construirá limpiaparabrisas, primero una versión simplificada o PMV (Producto Mínimo Viable) y luego, una versión más avanzada.
Materias STEM a buscar en Internet	Investigue cómo funcionan los limpiaparabrisas "reales". ¿Sabía que existe un mecanismo muy inteligente que convierte la rotación continua en un movimiento oscilante? En el segundo proyecto, utilizaremos un sensor de humedad. Investigue cómo funciona un sensor de humedad.
Componentes	Placa de prototipos Cable USB de programación Arduino Nano Cables Dupont macho-macho 2 servomotores SG 90 de 180 grados Sensor de humedad

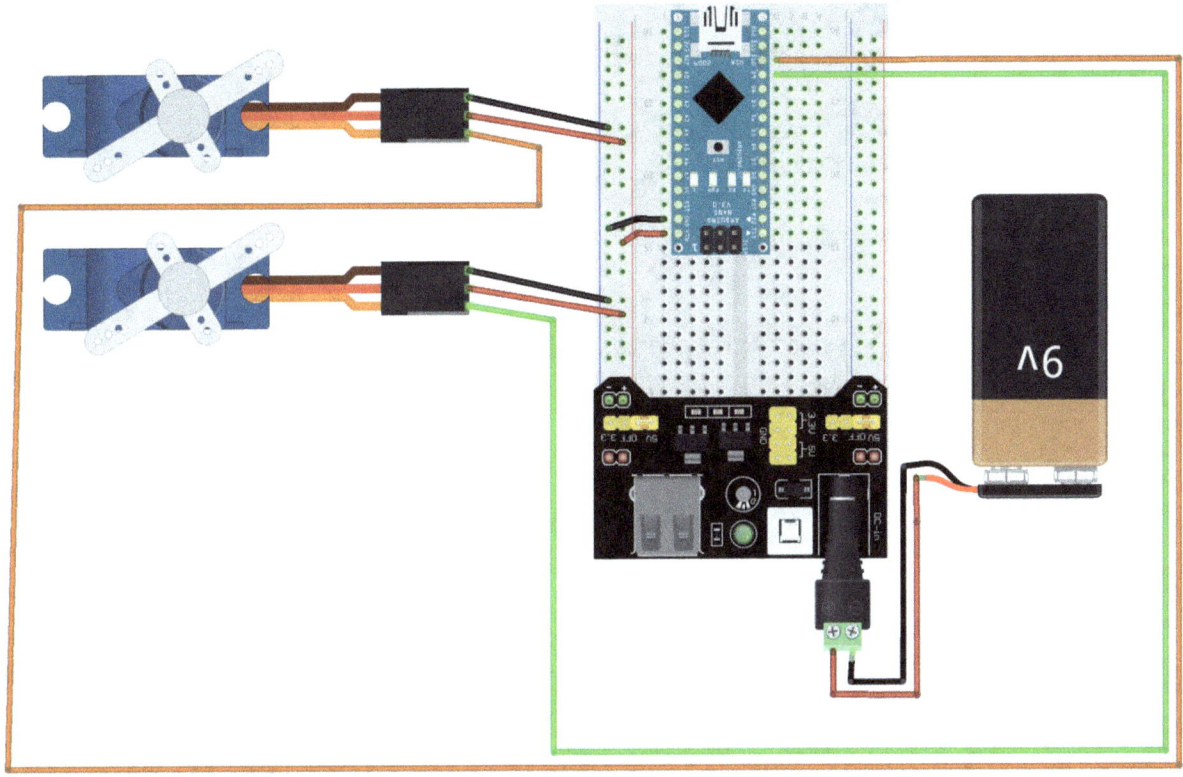

Si bien el código Arduino proporcionado funcionará como se espera, tiene varias limitaciones que afectan su usabilidad práctica. El problema principal es la falta de un botón de inicio y parada. Sin estos botones, los servomotores realizarán ciclos continuos de movimiento de 0 a 180 grados y de regreso a 0 grados sin ningún control del usuario. Este funcionamiento continuo puede ser problemático, especialmente en aplicaciones en las que se necesita controlar cuándo los servos inician o detienen su movimiento, como en los sistemas de limpiaparabrisas de los automóviles. La implementación de un mecanismo de inicio y parada permitiría un mejor control y eficiencia, haciendo que el sistema sea más fácil de usar y adaptable a diferentes escenarios.

Otro problema importante es que los servos no tienen una función de estacionamiento automático. En aplicaciones prácticas como los limpiaparabrisas, es crucial que los limpiaparabrisas regresen a una posición "aparcada" predefinida cuando se apagan. El código actual no tiene en cuenta esto, lo que significa que los servos podrían detenerse en cualquier posición cuando el sistema se apaga o se interrumpe. Esta falta de un mecanismo de estacionamiento automático es un inconveniente importante que se resolverá en el próximo proyecto.

Code — Código disponible también aquí: https://bit.ly/3AjYvaR

```cpp
#include <Servo.h> // Usaremos la biblioteca Servo.h

Servo right; // Llamaremos "right" a este servo
Servo left;  // Llamaremos "left" a este servo

int pos = 0;  // variable para almacenar la posición de los servomotores

void setup() {
  right.attach(9); // conecta el servo right al puerto D9
  left.attach(10); // conecta el servo left al puerto D10
}

void loop() {
  for (pos = 0; pos <= 180; pos += 5) {  // desde la posición 0 grados hasta la posición 180 grados
                    // a incrementos de +5 grados
    right.write(pos);            // pone el servo right en esa posición
    left.write(pos);             // pone el servo left en esa posición

    delay(15);  // espera 15 milisegundos para ir a la siguiente posición
  }
  for (pos = 180; pos >= 0; pos -= 5) {  // desde la posición 180 grados hasta la posición 0 grados
                    // a incrementos de -5 grados -5 grados
    right.write(pos);            // pone el servo right en esa posición
    left.write(pos);             // pone el servo left en esa posición

    delay(15);  // espera 15 milisegundos para ir a la siguiente posición
  }
}
```

Limpiaparabrisas (sensor de agua y aparcamiento automático)

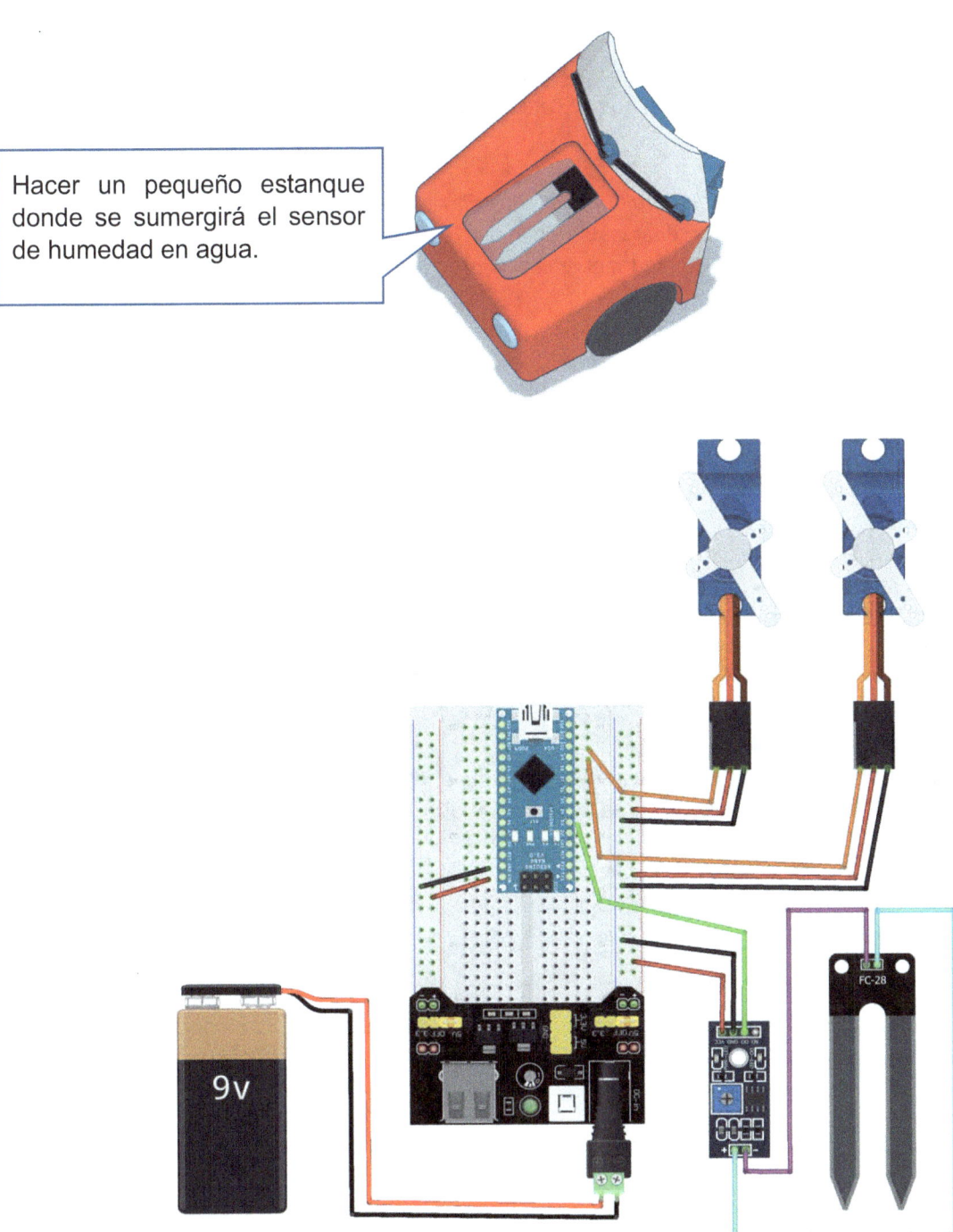

Hacer un pequeño estanque donde se sumergirá el sensor de humedad en agua.

El código proporcionado activará automáticamente los limpiaparabrisas cuando el sensor de humedad detecte agua. Cuando no se detecte agua, el código también dejará los limpiaparabrisas en su posición inicial. Para ajustar la cantidad de agua necesaria para activar los limpiaparabrisas, será necesario ajustar el potenciómetro del sensor de humedad (el pequeño cuadrado azul con una cabeza de tornillo gris).

Code — Disponible también aquí: https://bit.ly/3AjYvaR

```cpp
#include <Servo.h>         // Incluye la biblioteca Servo
Servo rightwiper;          // Objeto para controlar el servo derecho
Servo leftwiper;           // Objecto para controlare el servo izquierdo
int pos = 0;               // Variable para almacenar la posición actual del servo
const int SENSOR_PIN = 3;  // El pin digital al que se conecta el sensor

void setup() {
  rightwiper.attach(9);       // Asocia el servo derecho al pin 9
  leftwiper.attach(10);       // Asocia el servo izquierdo al pin 10
  pinMode(SENSOR_PIN, INPUT); // Configura el pin del sensor como entrada
}

void loop() {
  int humidity = digitalRead(SENSOR_PIN); // Lee el estado del sensor (HIGH o LOW)
  if (humidity == 0) {
    rightwiper.write(0); // Mueve el servo derecho a la posición 0 grados
    leftwiper.write(0);  // Mueve el servo Izquierdo a la posición 0 grados
  }
  if (humidity == 1) { // Si hay humedad, movemos los limpiaparabrisas
    for (pos = 0; pos <= 180; pos += 1) {
      rightwiper.write(pos); // El servo derecho se mueve gradualmente de 0 a 180 grados
      leftwiper.write(pos);  // El servo izquierdo se mueve gradualmente de 0 a 180 grados
      delay(15);
    }
    for (pos = 180; pos >= 0; pos -= 1) {
      rightwiper.write(pos); // El servo derecho se mueve gradualmente de 180 a 0 grados
      leftwiper.write(pos);  // El servo izquierdo se mueve gradualmente de 180 a 0 grados
      delay(15);
    }
  }
}
```

Este código de Arduino utiliza dos servomotores para simular limpiaparabrisas, controlados por un sensor de humedad conectado al pin digital 3. Los servos del limpiaparabrisas derecho e izquierdo están conectados a los pines 9 y 10, respectivamente.

En la función setup(), los servos están conectados a sus respectivos pines y el pin del sensor está configurado como una entrada.

En la función loop(), el código lee el estado del sensor para determinar si hay humedad. Si no se detecta humedad (humedad == 0), los limpiaparabrisas se mueven a la posición de 0 grados. Si se detecta humedad (humedad == 1), los limpiaparabrisas se mueven hacia adelante y hacia atrás de 0 a 180 grados y de regreso a 0 grados, con un retraso de 15 milisegundos entre cada incremento o decremento. Esto crea un movimiento de limpieza que imita el funcionamiento de los limpiaparabrisas reales.

Capítulo 14: Luces automáticas

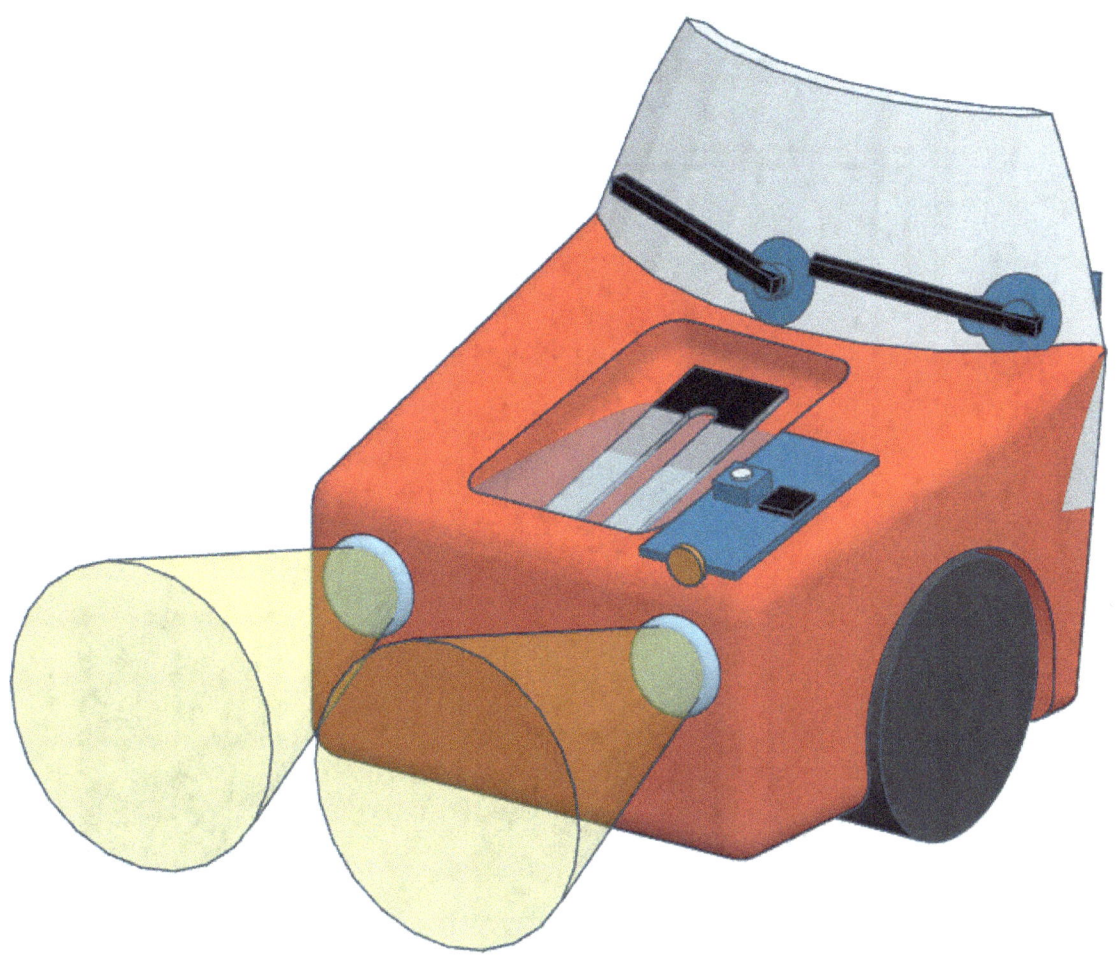

Descripción del Proyecto	El estudiante aprenderá el uso de un relé para encender y apagar las luces en función de la luz ambiente.
Materias STEM a buscar en Internet	Este proyecto utiliza un relé para encender y apagar las luces del coche. Usamos un relé porque las luces delanteras de un coche consumen demasiada corriente para el Arduino. El relé enciende y apaga las luces y utiliza otro juego de pilas. Investigue qué es un relé y su uso en el automóvil (bocina, motor de arranque, luces...)
Componentes	Placa de prototipos Cable USB de programación Arduino Nano Cables Dupont macho-macho Cables Dupont macho-hembra 2 bombillas pequeñas de linterna de mano o de coche (usar pila adecuada) Relé Sensor de luz

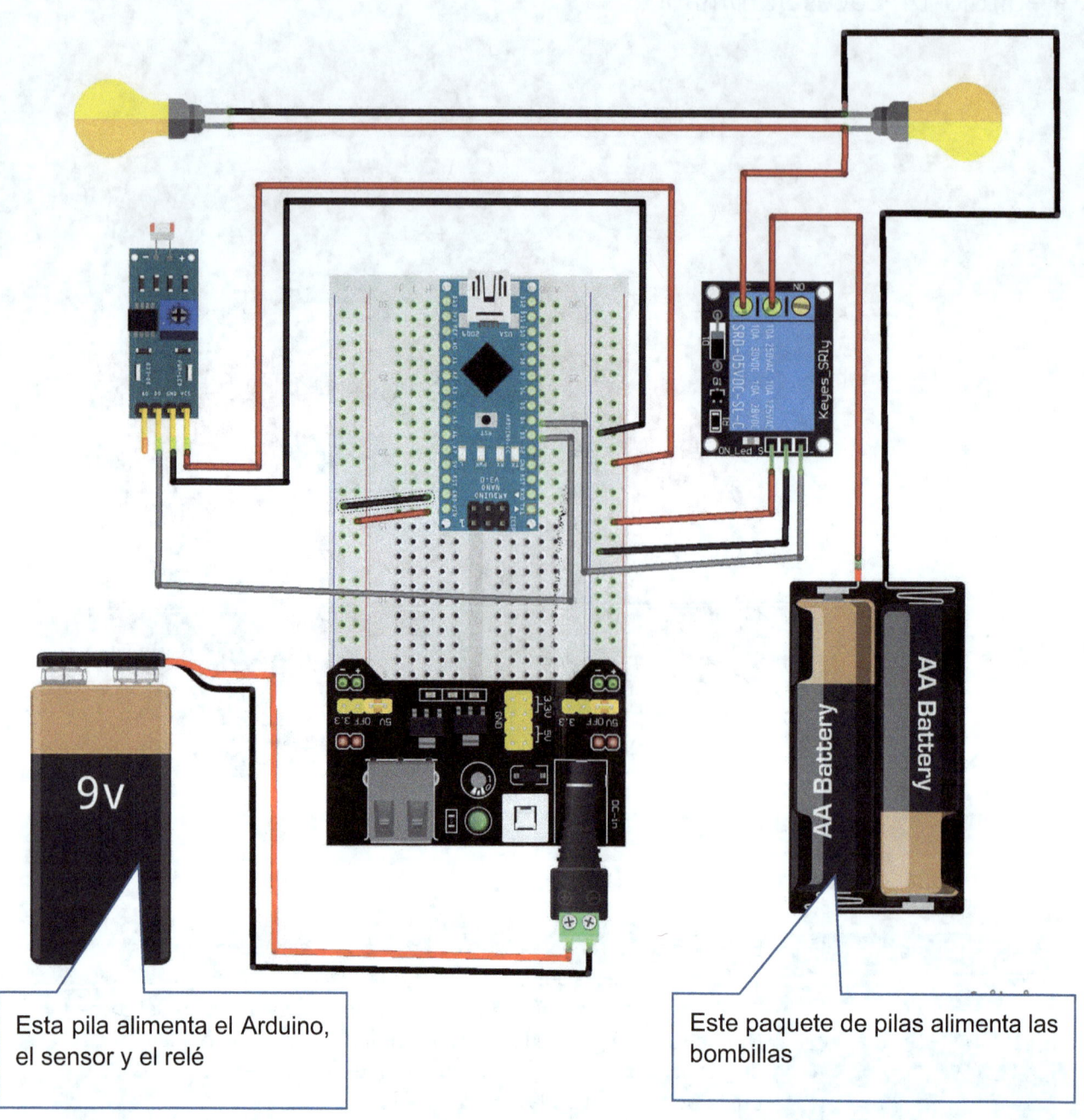

| Code | Código también disponible aquí: https://bit.ly/3AjYvaR |

```
const int RELAY_PIN = 4;   // El pin digital al que se conecta el relé
const int SENSOR_PIN = 3;  // El pin digital al que se conecta el sensor

void setup() {
  pinMode(SENSOR_PIN, INPUT);   // Configura el pin del sensor como una entrada
  pinMode(RELAY_PIN, OUTPUT);   // Configura el pin del relé como una salida
}

void loop() {
  int reading = digitalRead(SENSOR_PIN);  // Lee el estado del sensor (HIGH o LOW)
  if (reading == 0) {
    digitalWrite(RELAY_PIN, HIGH);   // Activa el relé si el sensor detecta un estado LOW
  } else {
    digitalWrite(RELAY_PIN, LOW);    // Desactiva el relé si el sensor detecta un estado HIGH
  }
}
```

Capítulo 15: Cerradura de Puerta

Descripción del Proyecto	El estudiante aprenderá a utilizar un interruptor de palanca. Un interruptor de palanca es un dispositivo que puede cambiar entre dos estados en función del estado anterior.
Materias STEM a buscar en Internet	Los mecanismos de cierre centralizado "reales" utilizan solenoides. Estos solenoides pueden funcionar en ambos sentidos dependiendo de la polaridad. Investigue qué es un solenoide y para qué se utiliza. Investigue qué tienen en común un relé y un solenoide.
Componentes	Placa de prototipos Cable USB de programación Arduino Nano Cables Dupont macho-macho Cables Dupont macho-hembra Servomotor Sensor táctil LED Resistencia de 220 ohm

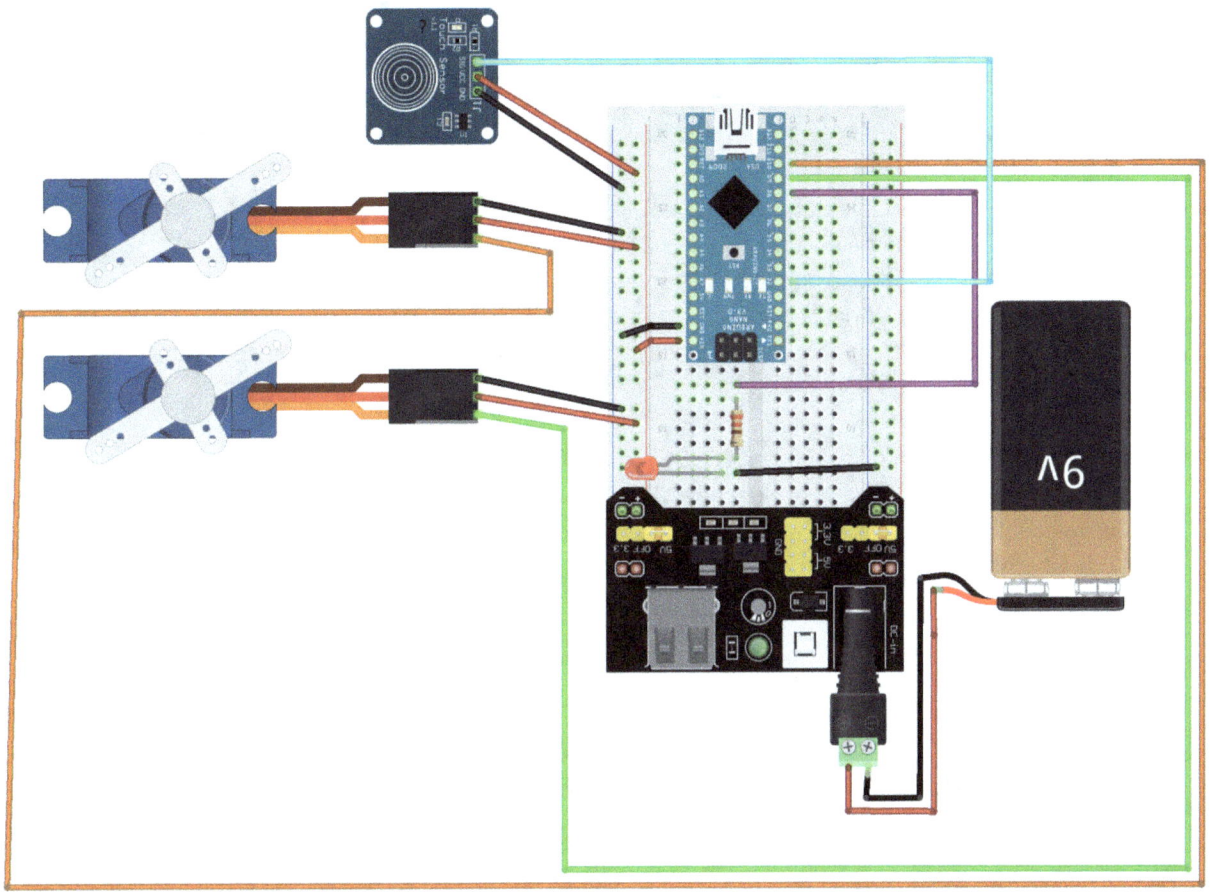

Code

Code also available here: https://bit.ly/3AjYvaR

```cpp
#include <Servo.h>  // Incluye la biblioteca servo

Servo rightServo;  // Nombre de este servo 'rightServo'
Servo leftServo;   // Nombre de este servo 'leftServo'

int ledState = 0;       // Variable para almacenar el estado del LED
int ledPin = 8;         // Conecta el LED al puerto D8 (+)
int buttonPin = 2;      // El sensor táctil se conecta a D2
int buttonStateNew;     // Variable para almacenar el estado del sensor táctil
int buttonStateOld = 1; // Variable para almacenar el estado anterior del sensor táctil

void setup() {
  pinMode(ledPin, OUTPUT);    // El pin LED (D8) se configura como salida (i.e., +5V)
  pinMode(buttonPin, INPUT);  // Lee del pin D2
  rightServo.attach(9);       // rightServo se conecta a D9
  leftServo.attach(10);       // leftServo se conecta to D10
}

void loop() {
  delay(50);  // Espera 50 milisegundos por si alguien toca el sensor

  buttonStateNew = digitalRead(buttonPin);  // Lee si alguien ha tocado el sensor
  if (buttonStateOld == 0 && buttonStateNew == 1) // If someone is touching the sensor ...
  // ... o sea, si la variable buttonStateOld es 0 y la variable ...
  // ... buttonStateNew es 1, then...
  {
    if (ledState == 0) {      // si el LED está apagado...
      digitalWrite(ledPin, HIGH);  // Enciende el LED
      rightServo.write(0);         // Pone rightServo a 0 grados
      delay(500);                  // Espera medio segundo
      leftServo.write(0);          // Pone leftServo a 0 grados
      ledState = 1;                // Cambia la variable de estado del LED de 0 to 1
    } else              // If not...
    {
      digitalWrite(ledPin, LOW);   // Apaga el LED
      rightServo.write(180);       // Pone rightServo ta180 grados
      delay(500);                  // Espera medio segundo
      leftServo.write(180);        // Pone leftServo a 180 degrees
      ledState = 0;                // Cambia la variable de estado del LED de 1 a 0
    }
  }
  buttonStateOld = buttonStateNew;  // pone buttonStateOld con el valor de buttonStateNew
}
```

Capítulo 16: Alarma de advertencia de Colisión

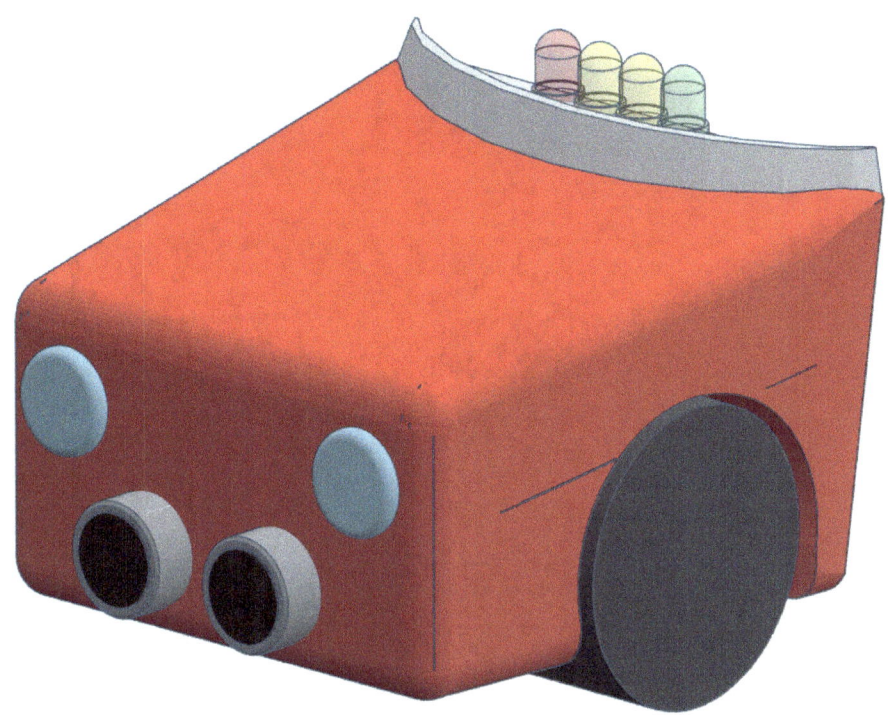

Descripción del Proyecto	El estudiante creará un sistema que avise al conductor si hay un automóvil o un obstáculo demasiado cerca de la parte delantera del automóvil. Este proyecto incluye un desafío en el que el estudiante debe agregar un timbre si se enciende la luz roja.
Materias STEM a buscar en Internet	Los sistemas de prevención de colisiones "reales" utilizan tecnología LIDAR. Investigue qué es LIDAR y cómo funciona. Utilice una IA generativa como ChatGPT o Gemini para agregar un timbre al código si el LED rojo está encendido.
Componentes	Placa de prototipos Cable USB de programación Arduino Nano Cables Dupont macho-macho Cables Dupont macho-hembra 4 LEDs 4 resistencias de 220 ohm Sensor de distancia ultrasónico Zumbador (opcional)

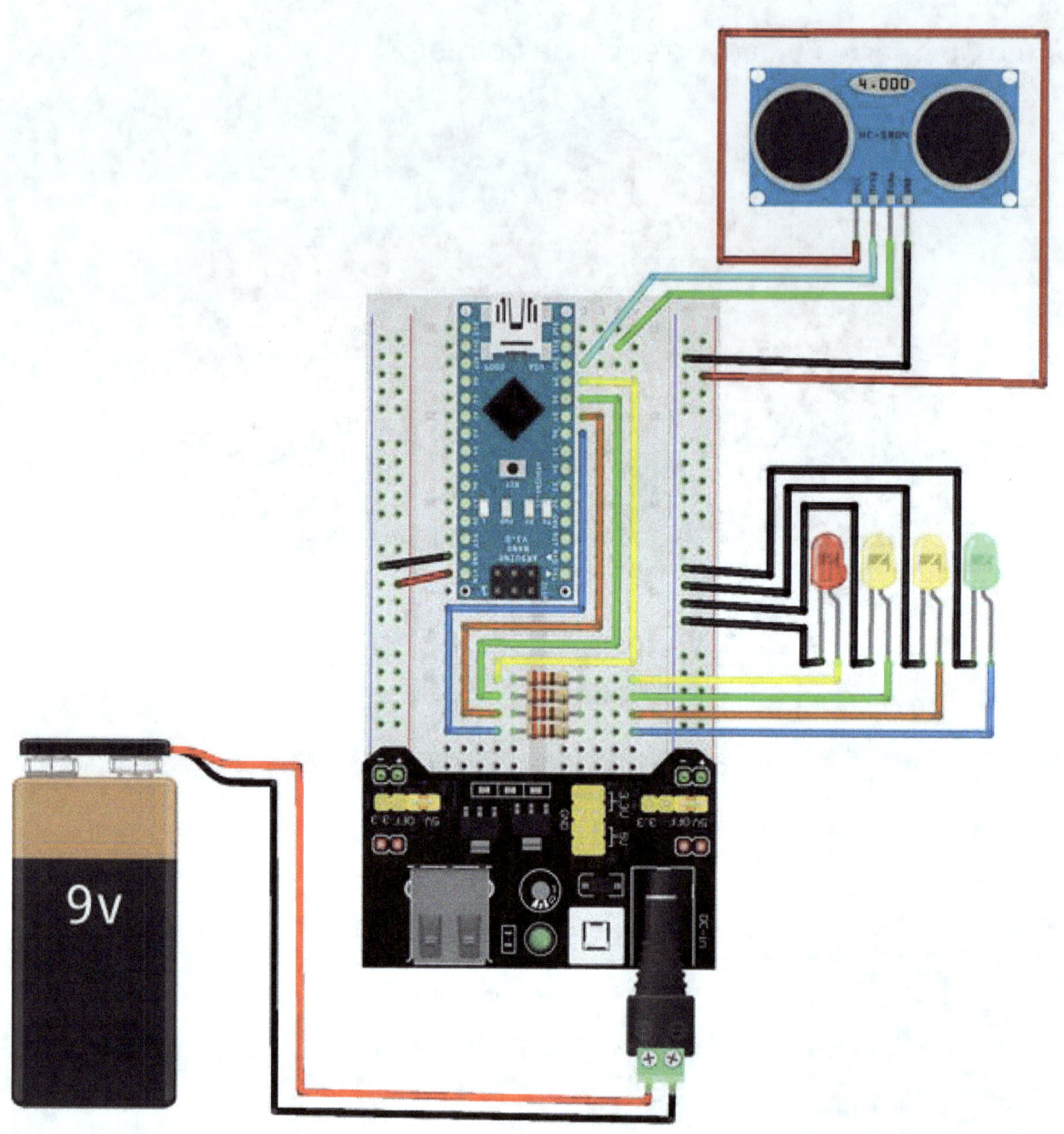

Code — Código disponible también aquí: https://bit.ly/3AjYvaR

```cpp
#define trigPin 10      // Pin del módulo ultrasónico para enviar la señal de disparo
#define echoPin 11      // Pin del módulo ultrasónico para recibir la señal de eco
#define redPin 9        // Pin de salida para el LED rojo del semáforo
#define yellow1Pin 8    // Pin de salida para el primer LED amarillo del semáforo
#define yellow2Pin 7    // Pin de salida para el Segundo LED Amarillo del semáforo
#define greenPin 6      // Pin de salida para el LED verde del semáforo

void setup() {
  pinMode(redPin, OUTPUT);        // Configura el pin del LED rojo como salida
  pinMode(yellow1Pin, OUTPUT);    // Configura el pin del primer LED Amarillo como salida
  pinMode(yellow2Pin, OUTPUT);    // Configura el pin del segundo LED Amarillo como salida
  pinMode(greenPin, OUTPUT);      // Configura el pin del LED verde como salida
  pinMode(trigPin, OUTPUT);       // Configura el pin de la señal de disparo del módulo ultrasónico
..// como salida
  pinMode(echoPin, INPUT);        // Configura el pin del eco del módulo ultrasónico como entrada
  int duration, distance, pos;    // Variables para almacenar la duración, la distancia y la posición
void loop() {
  // Aquí medimos la distancia al objeto más próximo
  int duration, distance, pos = 0;  // Variables locales para almacenar la duración, la distancia y
..// la posición
  digitalWrite(trigPin, LOW);     // Apaga el pin del módulo ultrasónico para enviar la señal de disparo
  delayMicroseconds(2);           // Espera 2 microsegundos
  digitalWrite(trigPin, HIGH);    // Envía un pulso de disparo al módulo ultrasónico
  delayMicroseconds(10);
  digitalWrite(trigPin, LOW);     // Apagar el pin de disparo otra vez.
  duration = pulseIn(echoPin, HIGH); // Mide la duración del pulso eco
  distance = (duration / 2) / 29.1;  // Calcula la distancia en centímetros basada en la duración y
..// velocidad del ultrasonido

  // Control del semáforo a partir de la distancia medida
  if (distance <= 10) {
    TENCEN();                   // Llama la función TENCEN
  }
  if ((distance > 10) && (distance <= 20)) {  // si la distancia es mayor que 10 pero menor que 20 than 20
    TUECEN();                   // Llama la función TUECEN
  }
  if ((distance > 20) && (distance <= 30)) {
    THICEN();                   // Llama la función HICEN
  }
  if ((distance > 30) && (distance <= 50)) {
    FIFCEN();                   // Llama la función FIFCEN
  }
  if (distance <= 51) {
    NOMORE();                   // Apaga todos los LEDs
  }
}
```

```
// Enciende todos los LEDs del semáforo (rojo, amarillo1, amarillo2 y verde)
void TENCEN() {
  digitalWrite(redPin, HIGH);
  digitalWrite(yellow1Pin, HIGH);
  digitalWrite(yellow2Pin, HIGH);
  digitalWrite(greenPin, HIGH);
  delay(300);  // Espera 300 milisegundos
}

// Apaga el LED rojo y enciende los LEDs amarillo1, amarillo2 y verde
void TUECEN() {
  digitalWrite(redPin, LOW);
  digitalWrite(yellow1Pin, HIGH);
  digitalWrite(yellow2Pin, HIGH);
  digitalWrite(greenPin, HIGH);
  delay(300);  // Espera 300 milisegundos
}

// Apaga los LEDs rojo y amarillo1 y enciende el amarillo2 y el verde
void THICEN() {
  digitalWrite(redPin, LOW);
  digitalWrite(yellow1Pin, LOW);
  digitalWrite(yellow2Pin, HIGH);
  digitalWrite(greenPin, HIGH);
  delay(300);  // Espera 300 milisegundos
}

// Apaga los LEDs rojo, amarillo1 y amarillo2 y enciende el verde
void FIFCEN() {
  digitalWrite(redPin, LOW);
  digitalWrite(yellow1Pin, LOW);
  digitalWrite(yellow2Pin, LOW);
  digitalWrite(greenPin, HIGH);
  delay(200);  // Espera 200 milisegundos
}

// Apaga todos los LEDs del semáforo (rojo, amarillo1, amarillo2 y verde)
void NOMORE() {
  digitalWrite(redPin, LOW);
  digitalWrite(yellow1Pin, LOW);
  digitalWrite(yellow2Pin, LOW);
  digitalWrite(greenPin, LOW);
  delay(50);  // Espera 50 milisegundos
}
```

La función de bucle de este código de Arduino llama a otras funciones. Cuando se llama a una de estas funciones, se ejecuta esa parte del código y, a continuación, el programa vuelve a continuar con la ejecución de la función de bucle.

Capítulo 17: Zumbador de aparcamiento

Descripción del Proyecto	El estudiante construirá un sistema de ayuda al aparcamiento que alerta al conductor con un zumbador cuando se detecta un obstáculo durante la marcha atrás.
Materias STEM a buscar en Internet	Each musical note corresponds to a specific frequency measured in Hertz. Research the parameters of the "tone" function and determine the Hertz frequency associated with each musical note. Utilize ChatGPT or Gemini to compose a brief melody using the "tone" and "notone" functions.
Componentes	Buzzer Placa de prototipos Cable USB de programación Arduino Nano Cables Dupont macho-macho Cables Dupont macho-hembra Sensor de distancia ultrasónico Zumbador

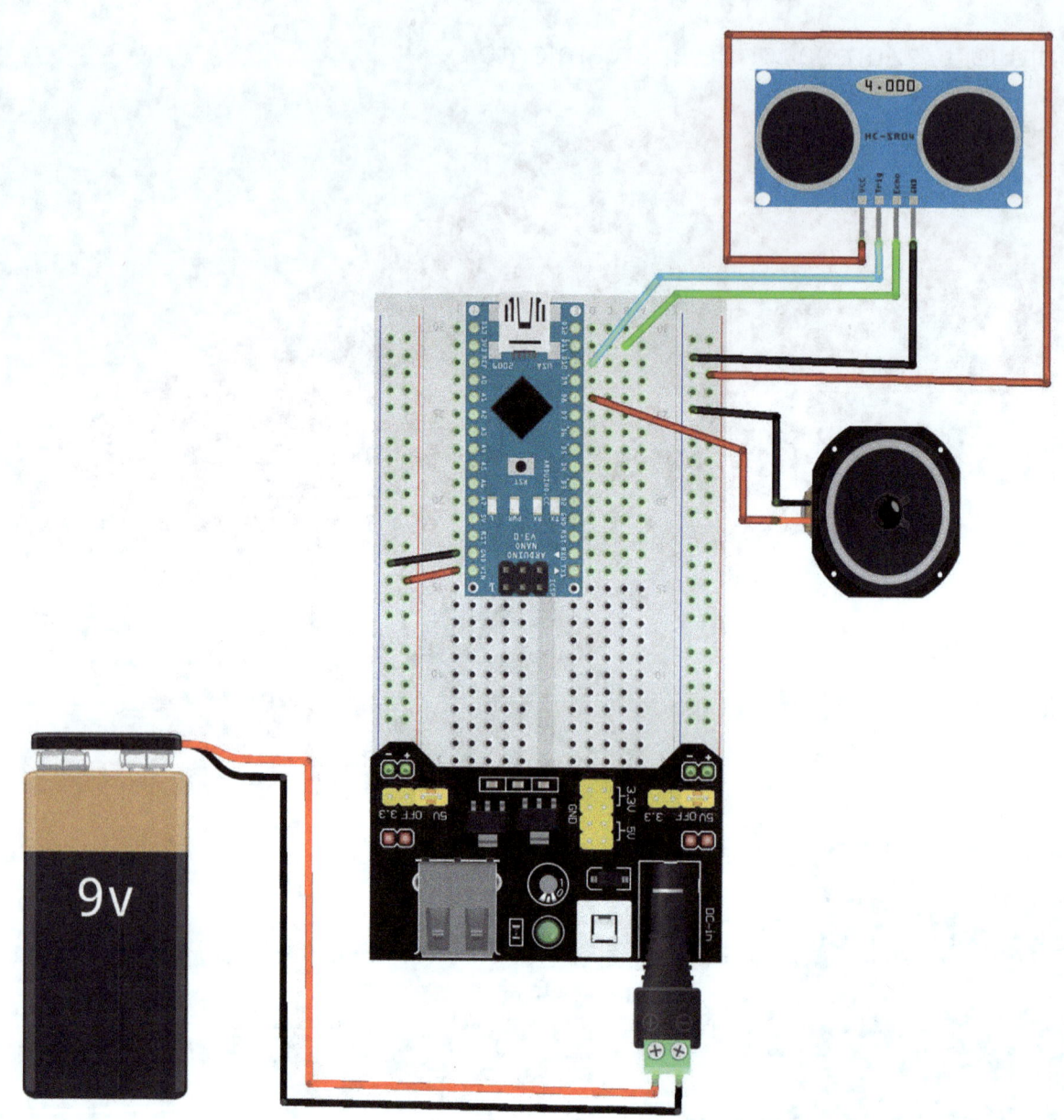

Code — Código disponible también aquí: https://bit.ly/3AjYvaR

```
#define trigPin 10
#define echoPin 11
int speaker = 9;  // Altavoz conectado al pin digital 9

void setup() {
  pinMode(speaker, OUTPUT);  // Pone el pin del altavoz como salida
  pinMode(trigPin, OUTPUT); // Pone el pin del disparo como salida
  pinMode(echoPin, INPUT);  // Pone el pin del eco como input
  int duration, distance; // Variables locales para duración y distancia
}

void loop() {
  // Comienza el código para medir la distancia con el módulo ultrasónico
  int duration, distance = 0; // Local variables for duration and distance, initialized to 0

  /* Como en anteriores programas, enviamos un pulso ultrasónico y recibimos el eco para calcular la distancia al objeto */
  digitalWrite(trigPin, LOW);
  delayMicroseconds(2);
  digitalWrite(trigPin, HIGH);
  delayMicroseconds(10);
  digitalWrite(trigPin, LOW);
  duration = pulseIn(echoPin, HIGH);
  distance = (duration / 2) / 29.1;

  /* Si se detecta un objeto a menos de 50 cm, el altavoz produce un sonido */
  if (distance <= 50) { // Si la distancia es menor o igual a 50 cm
    tone(8, 600, 200); // Genera un tono de 600Hz en el pin 8 durante 200 milisegundos
    delay(250);       // Espera 250 milisegundos
  }
}
```

Y ¡Esto es todo sobre nuestros proyectos automotrices! En la foto de la izquierda les presento algunos de mis estudiantes ecuatorianos y su increíble maestro, Mauricio Andrés Valencia, con el auto en el que han estado trabajando.

Capítulo 18: Códigos hexadecimales y binarios; sistemas de numeración base 16 y base 2

Los próximos proyectos implicarán el uso de pantallas para mostrar imágenes. Estas imágenes se pueden almacenar en la memoria en formato hexadecimal o binario. Esta lección nos enseñará qué es un bit, un byte y cómo convertir números decimales en binarios y hexadecimales.

Bits y Bytes:

En el corazón de los sistemas informáticos se encuentra el sistema binario, que utiliza únicamente 0 y 1. Esta simplicidad se alinea perfectamente con la naturaleza de encendido y apagado de los circuitos eléctricos, lo que lo convierte en el lenguaje ideal para que los ordenadores comprendan y procesen información. Todos los datos, desde texto hasta imágenes, se convierten en última instancia en una serie de dígitos binarios (bits) para su almacenamiento y manipulación.

- Un bit es la unidad de datos más pequeña en informática. Puede representar un 0 o un 1.
- Los ordenadores utilizan el sistema binario (base 2) porque es más fácil de implementar en circuitos. Cada dígito binario es un bit.
- Un grupo de 8 bits forma un byte. Los bytes son bloques de construcción fundamentales en informática.
- Cada byte puede almacenar un número entre 0 y 255 (inclusive) en formato binario.

Hexadecimal y Bytes:

Cada dígito hexadecimal corresponde a cuatro dígitos binarios, lo que lo convierte en una abreviatura conveniente para programadores e ingenieros cuando trabajan con grandes cantidades de código binario. El sistema hexadecimal proporciona un equilibrio entre la legibilidad humana y la eficiencia de la máquina.

- El sistema hexadecimal (base 16) proporciona una representación concisa de los datos binarios.
- Cada dígito hexadecimal representa cuatro bits (también llamado nibble).
- Un byte de 8 bits puede tener valores que van desde 00000000 hasta 11111111 en binario (decimal de 0 a 255).
- En hexadecimal, este rango se expresa como 00 a FF.
- Por ejemplo, el valor decimal 72 corresponde a 48 en hexadecimal (0x48).

¿Por qué Hexadecimal?

Si bien el sistema binario es eficiente para los ordenadores, puede resultar complicado para los humanos leerlo y escribirlo. El sistema hexadecimal, un sistema de base 16 que utiliza los dígitos del 0 al 9 y las letras de la A a la F, ofrece una representación más compacta de los datos binarios.

- El sistema hexadecimal tiene límites bien definidos y es fácil de leer.
- Un byte único siempre se representa con dos dígitos hexadecimales (p. ej., 0x7F o 0xAB).

- Se alinea perfectamente con los bytes (cada byte corresponde a dos dígitos hexadecimales).
- Los componentes complejos manejan valores más grandes mediante el emparejamiento de componentes más simples (escalamiento por potencias de 2).
- Ocho bits (un byte) permiten 256 valores diferentes, un equilibrio práctico.

Por qué un Byte es de 8 bits

La elección de ocho bits para un byte fue una decisión práctica que se remonta a los inicios de la informática. Era la unidad de datos más pequeña que podía representar de manera eficiente un solo carácter en el conjunto de caracteres ASCII. Con ocho bits, se pueden representar 256 valores diferentes, lo que es suficiente para letras mayúsculas y minúsculas, números y signos de puntuación comunes. Si bien se exploraron unidades más pequeñas como seis bits, ocho bits ofrecían un mejor equilibrio entre eficiencia y representación de caracteres. Además, al ser una potencia de dos, resultaba computacionalmente conveniente para el diseño de hardware.

El Cambio de Un Byte por Carácter a Dos

Si bien ocho bits eran suficientes inicialmente para representar caracteres, el panorama digital en evolución exigió conjuntos de caracteres más complejos. Idiomas como el chino y el japonés tienen miles de caracteres, que superan con creces la capacidad de un solo byte. Para dar cabida a estos conjuntos de caracteres más grandes, se desarrollaron sistemas de codificación como Unicode. Estos sistemas suelen utilizar varios bytes para representar un solo carácter, siendo UTF-8 la codificación más común. UTF-8 es flexible, ya que utiliza un byte para caracteres comunes y hasta cuatro bytes para caracteres poco comunes, lo que garantiza la compatibilidad y la eficiencia.

Conversión de una base a otra

Desde pequeños hemos aprendido a contar en el sistema decimal. Para nosotros, contar uno, dos, tres… ocho, nueve, diez, once… y el paso de una cifra a dos cifras es algo bastante natural. Sin embargo, si intentamos hacer el mismo ejercicio en binario e intentamos contar en voz alta, nos tropezamos y nos saltamos números. (¡Pruébalo tú mismo!) Si ahora intentamos hacer este ejercicio contando en hexadecimal en voz alta, nos daremos cuenta de que somos prácticamente incapaces de hacerlo.

Decimal a Binario

División sucesiva por 2: Dividir el número decimal por 2 repetidamente, anotando los restos. Los restos, leídos de abajo hacia arriba, forman el equivalente binario.

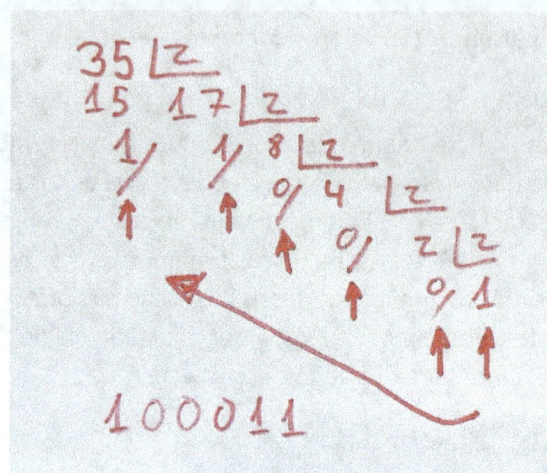

Decimal a Hexadecimal

División Sucesiva por 16: Similar a la conversión binaria, pero dividiendo por 16. Los restos mayores que 9 se representan por A, B, C, D, E o F.

Tabla de Conversión (Decimal, Binario, Hexadecimal)

Decimal	Binario	Hexadecimal
0	0000	0
1	0001	1
2	0010	2
3	0011	3
4	0100	4
5	0101	5
6	0110	6
7	0111	7
8	1000	8
9	1001	9
10	1010	A
11	1011	B
12	1100	C
13	1101	D
14	1110	E
15	1111	F

Capítulo 19: matriz LED 8x8

MAX7219: Un Versátil Controlador de LED

El MAX7219 es un circuito integrado diseñado para controlar pantallas LED.

Es particularmente popular para controlar pantallas de 7 segmentos, pantallas de gráficos de barras y pantallas de matriz de puntos. Este chip simplifica el proceso de control de múltiples LED al manejar la compleja tarea de administrar segmentos LED individuales.

Cómo Funciona con Arduino

Para interactuar con el MAX7219, normalmente se utilizan tres pines en el Arduino:

- DIN (Data In): este pin se utiliza para enviar datos al chip.
- CLK (Clock): este pin controla el tiempo de transferencia de datos.
- CS (Chip Select): este pin selecciona el chip MAX7219 específico si se utilizan varios chips.

El MAX7219 utiliza una interfaz serie, lo que significa que se pueden enviar bits de datos de uno en uno, lo que lo hace eficiente para la comunicación.

Características y Capacidades Clave

- Controla varios LED: puede controlar hasta 64 LED individuales.
- Conexión en cadena: se pueden conectar varios chips MAX7219 para pantallas más grandes.
- Brillo ajustable: puede controlar la intensidad de los LED.
- Modo de escaneo: el chip refresca automáticamente la pantalla a alta velocidad.
- Fácil de usar: hay muchas bibliotecas disponibles para simplificar la programación.

Aplicaciones Comunes:

- Relojes digitales
- Marcadores
- Pantallas de juegos
- Desplazadores de texto
- Visualización de datos

MAX7219 Matriz LED 8x8

Una matriz LED 8x8 MAX7219 es un módulo de pantalla compacto que combina una cuadrícula de LED 8x8 con un circuito integrado (CI) MAX7219.

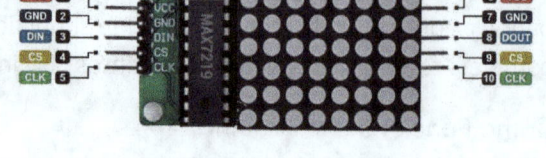

El CI MAX7219 está diseñado específicamente para controlar pantallas LED, lo que facilita el control de los LED individuales en la matriz.

Cada fila de la matriz de LED 8x8 consta de 8 LED individuales. Para controlar estos LED mediante el controlador MAX7219, ingresaremos dos valores hexadecimales en nuestro programa Arduino. Estos valores especificarán qué LED deben estar iluminados y cuáles deben permanecer apagados.

ROW NUMBER									HEX	
1	0	0	0	0	0	0	0	0	0	0
2	0	1	1	0	0	1	1	0	6	6
3	0	1	1	0	0	1	1	0	6	6
4	0	0	0	0	0	0	0	0	0	0
5	1	0	0	0	0	0	0	1	8	1
6	0	1	0	0	0	0	1	0	4	2
7	0	0	1	1	1	1	0	0	3	C
8	0	0	0	0	0	0	0	0	0	0

Capítulo 20: Caritas sonrientes en la Matriz LED 8x8

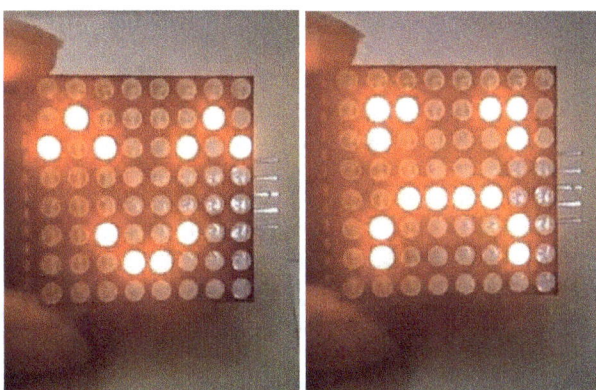

Descripción del Proyecto	El estudiante creará imágenes que se mostrarán en una matriz LED 8x8.
Materias STEM a buscar en Internet	En lecciones anteriores hemos aprendido que además del Sistema decimal de 10 dígitos, existen el sistema binario en base 2 y el sistema hexadecimal en base 16. Averigüe por qué usamos docenas cuando contamos huevos.
Componentes	Placa de prototipos Cable USB de programación Arduino Nano Cables Dupont macho-hembra Matriz MAX7219 8x8 LED

Code	Código disponible también aquí: https://bit.ly/3AjYvaR

```
#include <LedControl.h>

int DIN = 12; // pin DIN de la matriz LED al D12 del Arduino
int CS = 11; // pin CS de la matriz LED al D11 del Arduino
int CLK = 10; // pin CLK de la matriz LED al D10 del Arduino
// pin VIN de la matriz LED a 5V del Arduino
// pin GND de la matriz LED a GND del Arduino

// Estas son las 2 imágenes mostradas en la matriz. Se pueden añadir más.
byte smile[8] = {0x00, 0x42, 0xa5, 0x00, 0x00, 0x24, 0x18, 0x00};
byte nosmile[8] = {0x00, 0x66, 0x42, 0x00, 0x3c, 0x42, 0x42, 0x00};

LedControl lc = LedControl(DIN, CLK, CS, 0);

void setup() {
  // las 4 sentencias siguientes son para preparar la pantalla
  Serial.begin(9600); // Empieza la comunicación serie
  lc.shutdown(0, false);  // El MAX72XX está en modo de ahorro de energía al comenzar
  lc.setIntensity(0, 15); // Pone el brillo al valor máximo
  lc.clearDisplay(0);    // Borra la pantalla
}

void loop() {
  printByte(smile);
  delay(5000);

  printByte(nosmile);
  delay(5000);
}

// Esta función es para enviar la imagen a la pantalla especificada en la sentencia printByte del void bucle
void printByte(byte character[]) {
  int i = 0;
  for (i = 0; i < 8; i++) {
    lc.setRow(0, i, character[i]);
  }
}
```

Como añadir la biblioteca LedControl.h library

Al intentar cargar este código en Arduino, es posible que aparezca un error que indique que falta la biblioteca LedControl.h. Para agregar esta biblioteca, siga estos pasos:

- Abra el IDE de Arduino en el ordenador.

- Vaya a la barra de menú y seleccione Sketch.

- En el menú desplegable, seleccione Incluir biblioteca > Administrar bibliotecas...

- En la ventana del Administrador de bibliotecas, escriba "LedControl" en la barra de búsqueda.

- Busque la biblioteca LedControl de Eberhard Fahle en la lista de resultados.

- Haga clic en el botón Instalar junto a la entrada de la biblioteca LedControl.

- Una vez finalizada la instalación, cierre la ventana del Administrador de bibliotecas.

Explicación del Código:

Inclusión de la Biblioteca y Declaración de Variables:

- Se incluye la biblioteca LedControl.h para controlar la matriz LED.

- Se definen los Pines para DIN, CS y CLK y se conectan a la matriz LED.

Definición de la imagen:

- Se definen dos matrices de bytes smile y nosmile para almacenar los patrones de la cara sonriente y la cara triste respectivamente.

Inicialización del Control de LED:

- Se crea una instancia de la clase LedControl con los pines definidos DIN, CLK y CS.

Función de configuración:

- Se inicia la comunicación en serie con Serial.begin(9600).

- La matriz LED sale del modo de ahorro de energía con lc.shutdown(0, false).

- El brillo de la pantalla se establece al máximo con lc.setIntensity(0, 15).

- La pantalla se borra con lc.clearDisplay(0).

Función de bucle:

• Se llama a la función printByte con la matriz smile, que muestra la cara sonriente en la matriz LED.

• Se introduce un retraso de 5000 milisegundos (5 segundos).

• Se llama a la función printByte con la matriz nosmile, que muestra la cara triste en la matriz LED.

• Sigue otro retraso de 5000 milisegundos (5 segundos).

Función PrintByte:

• Esta función toma una matriz de bytes (carácter) como argumento y escribe cada byte en una fila de la matriz LED. Itera sobre cada fila de la matriz LED y establece la fila correspondiente en el valor de la matriz de caracteres.

Desafío

Crear otras caras o imágenes y cambiar el tiempo de visualización de cada imagen para crear una animación con la matriz 8x8.

Capítulo 21: Radar Portátil

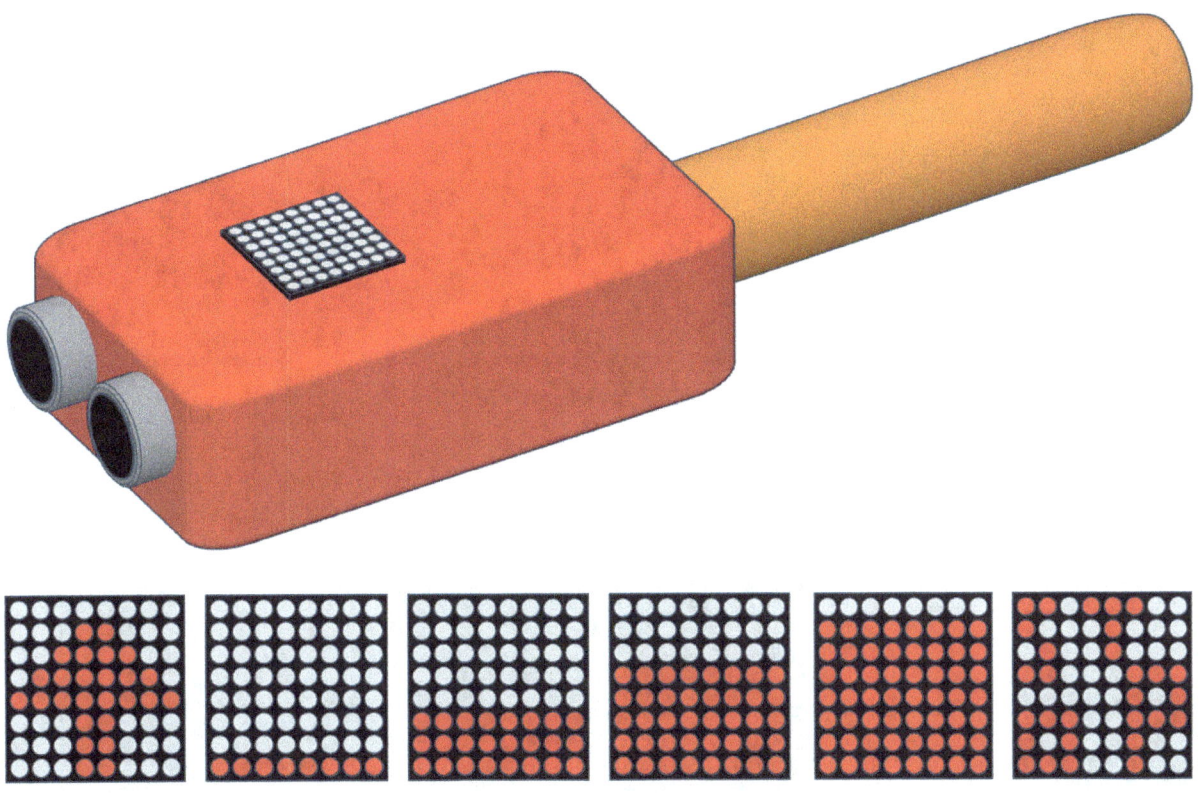

Descripción del Proyecto	El estudiante creará un dispositivo portátil que se pueda utilizar para medir la distancia a un objeto. La matriz mostrará una flecha si no hay ningún objeto a menos de 80 cm y mostrará la palabra STOP si hay un objeto a menos de 10 cm.
Materias STEM a buscar en Internet	Además de los telémetros ultrasónicos, también existen los telémetros láser y los telémetros infrarrojos. Descubra cómo funcionan estos dos tipos de telémetros.
Componentes	Placa de prototipos Cable USB de programación Arduino Nano Cables Dupont macho-hembra Matriz MAX7219 8x8 LED Sensor ultrasónico de distancia

Code

Código disponible también aquí: https://bit.ly/3AjYvaR

```cpp
#include <LedControl.h>
const int trigPin = 7;
const int echoPin = 8;
long duration;
int distance;
int DIN = 12; // pin DIN de la matriz LED D12 del Arduino
int CS = 11;  // pin CS de la matriz LED al D11 del Arduino
int CLK = 10; // pin CLK de la matriz LED al D10 del Arduino

// Matrices de Bytes para mostrar números
byte ten[8] = { 0xdc, 0x88, 0x48, 0xc0, 0x07, 0xe5, 0xa7, 0xe4 };
byte twenty[8] = { 0xff, 0xff, 0xff, 0xff, 0xff, 0xff, 0xff, 0x00 };
byte thirty[8] = { 0xff, 0xff, 0xff, 0xff, 0xff, 0xff, 0x00, 0x00 };
byte forty[8] = { 0xff, 0xff, 0xff, 0xff, 0xff, 0x00, 0x00, 0x00 };
byte fifty[8] = { 0xff, 0xff, 0xff, 0xff, 0x00, 0x00, 0x00, 0x00 };
byte sixty[8] = { 0xff, 0xff, 0xff, 0x00, 0x00, 0x00, 0x00, 0x00 };
byte seventy[8] = { 0xff, 0xff, 0x00, 0x00, 0x00, 0x00, 0x00, 0x00 };
byte eighty[8] = { 0x00, 0x18, 0x3c, 0x7e, 0x18, 0x18, 0x18, 0x00 };

LedControl lc = LedControl(DIN, CLK, CS, 0);

void setup() {
  pinMode(trigPin, OUTPUT);  // Pone trigPin como Salida
  pinMode(echoPin, INPUT);   // Pone echoPin como entrada
  Serial.begin(9600);        // Comienza la comunicación serie
  lc.shutdown(0, false);     // El MAX72XX está en modo de ahorro de energía al iniciarse
  lc.setIntensity(0, 5);     // Pone el brillo al máximo
  lc.clearDisplay(0);        // y limpia la pantalla
}

void loop() {
  digitalWrite(trigPin, LOW);
  delayMicroseconds(2);
  //Pone el trigPin en estado HIGH durante 10 microsegundos
  digitalWrite(trigPin, HIGH);
  delayMicroseconds(10);
  digitalWrite(trigPin, LOW);
  // Lee el echoPin, retorna el tiempo de viaje de la onda sonora en microsegundos
  duration = pulseIn(echoPin, HIGH);
  // Calcula la distancia
  distance = duration * 0.034 / 2;
  // Envía la distancia al Monitor en Serie
  Serial.print("Distance: ");
  Serial.println(distance);

  if (distance < 10) {
    printByte(ten);
```

```
    delay(100);
  } else if (distance > 9 && distance < 20) {
    printByte(twenty);
    delay(100);
  } else if (distance > 19 && distance < 30) {
    printByte(thirty);
    delay(100);
  } else if (distance > 29 && distance < 40) {
    printByte(forty);
    delay(100);
  } else if (distance > 39 && distance < 50) {
    printByte(fifty);
    delay(100);
  } else if (distance > 49 && distance < 60) {
    printByte(sixty);
    delay(100);
  } else if (distance > 59 && distance < 70) {
    printByte(seventy);
    delay(100);
  } else {
    printByte(eighty);
    delay(100);
  }
}

void printByte(byte character[]) {
  int i = 0;
  for (i = 0; i < 8; i++) {
    lc.setRow(0, i, character[i]);
  }
}
```

Desafío

Puede usar este dispositivo para caminar por una casa oscura con solo usar un telémetro. Incluso puede detectar si alguien se acerca. Piense en un juego de equipo que use este telémetro.

Capítulo 22: Pantalla OLED de 64 x 128 y protocolo I2C

Pantalla OLED de 64x128

Una pantalla OLED (diodo orgánico emisor de luz) de 64 x 128 es una tecnología de visualización que consta de una matriz de 64 columnas y 128 filas de diminutos diodos orgánicos emisores de luz. Estos diodos se pueden encender o apagar individualmente para crear imágenes, texto y gráficos. Las pantallas OLED son conocidas por su alto contraste, amplios ángulos de visión y tiempos de respuesta rápidos, lo que las hace populares para aplicaciones como relojes digitales, teléfonos inteligentes y dispositivos electrónicos portátiles.

Protocolo I2C

I2C (Inter-Integrated Circuit) es un protocolo de comunicación en serie que se utiliza para conectar dispositivos de baja velocidad. Requiere solo dos cables: datos (SDA) y reloj (SCL). La pantalla OLED suele utilizar I2C para comunicarse con un microcontrolador como Arduino. Este protocolo es eficiente en términos de uso de pines y permite conectar varios dispositivos en el mismo bus.

Uso de las bibliotecas de Adafruit con pantallas OLED

Adafruit ofrece un conjunto de bibliotecas que simplifican el proceso de interacción con pantallas OLED, incluido el modelo 64x128. Estas bibliotecas se encargan de los detalles de bajo nivel de la comunicación I2C, lo que le permite centrarse en mostrar información en la pantalla. Al utilizar las funciones proporcionadas por la biblioteca, con facilidad puede dibujar gráficos, mostrar texto y crear imágenes personalizadas en la pantalla OLED.

Las bibliotecas Adafruit generalmente incluyen funciones para:

- Inicialización de la pantalla OLED
- Configuración del contraste de la pantalla
- Dibujo de píxeles, líneas y rectángulos
- Visualización de texto y caracteres
- Creación de caracteres personalizados

Apoyándose en estas bibliotecas, puede desarrollar rápidamente proyectos que utilicen todo el potencial de la pantalla OLED de 64 x 128.

Instalación de las bibliotecas adafruit_SSD1306.h y adafruit_GFX.h

En el IDE de Arduino, vaya a Sketch > Incluir biblioteca > Administrar bibliotecas e instale ambas bibliotecas

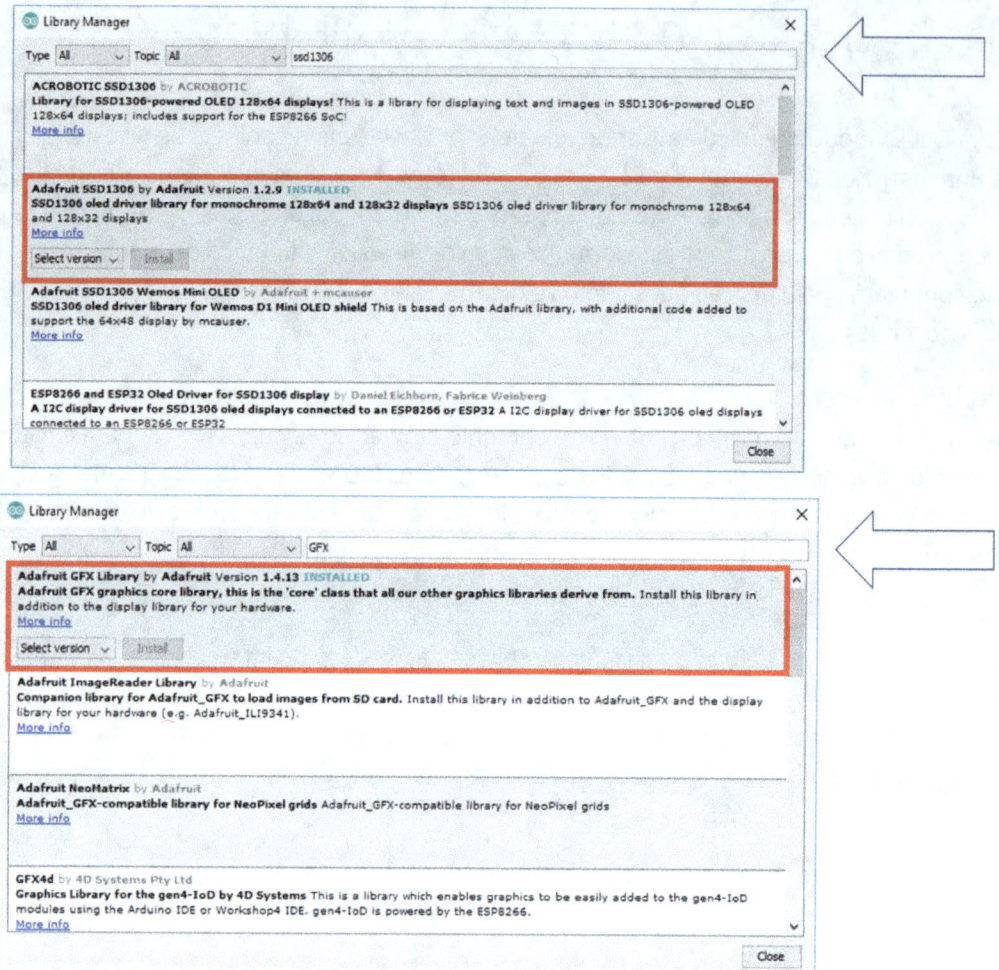

Una vez instaladas las bibliotecas, se debe reiniciar por completo el entorno de programación de Arduino, es decir, cerrar TODAS las ventanas de Arduino.

La biblioteca adafruit_GFX.h es la biblioteca base para utilizar pantallas OLED, y la biblioteca adafruit_SSD1306.h es la biblioteca específica para la pantalla que vamos a usar.

Estas pantallas se comunican con Arduino con un protocolo de comunicación llamado I2C.

En pantalla, con la biblioteca adafruit_GFX.h, podemos representar figuras geométricas, texto y mapas de bits.

Coordenadas de los pixeles de la pantalla 64 x 128

Las coordenadas 0:0 se encuentran en la esquina superior izquierda de la pantalla.

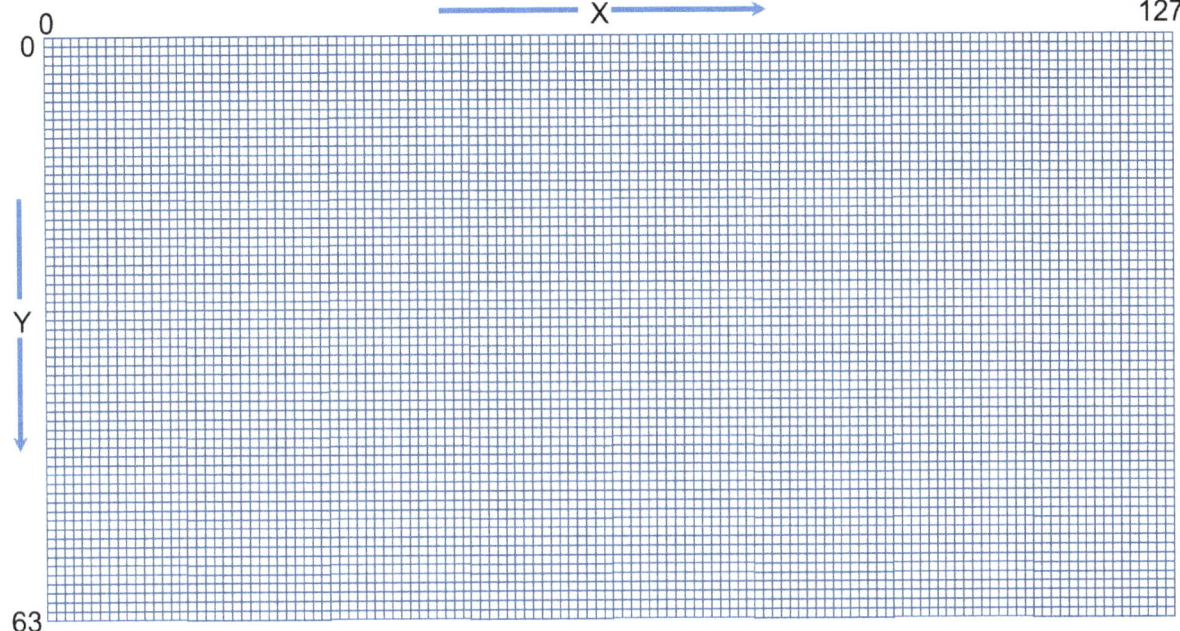

Figuras geométricas:

Punto

display.drawPixel(x, y, WHITE);

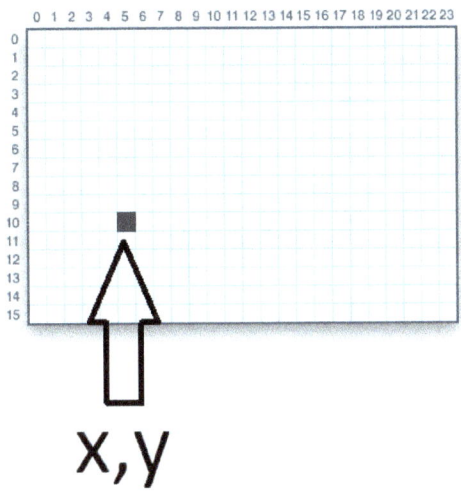

x,y

Línea

display.drawLine(x0, y0, x1, y1, WHITE);

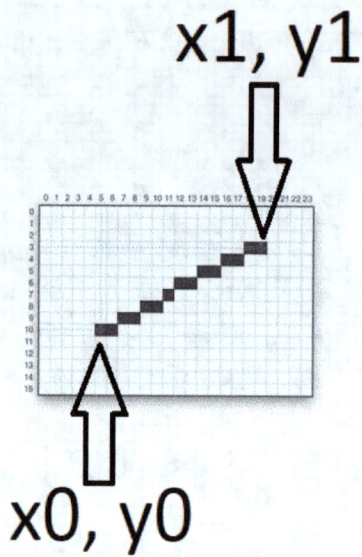

Rectángulo

display.drawRect(x0, y0, w, h, WHITE);

Solo dibuja el borde.

display.fillRect(x0, y0, w, h, WHITE);

Dibuja el borde y el relleno.

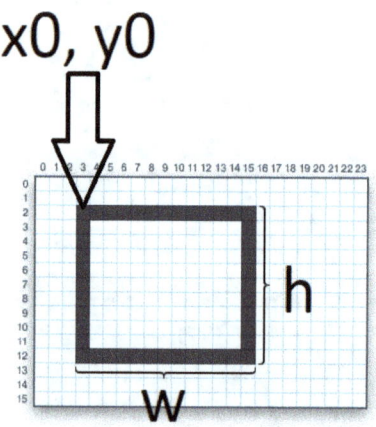

Círculo

display.drawCircle(x0, y0, r, WHITE);

Solo dibuja el borde

display.fillCircle (x0, y0, r, WHITE);

Dibuja el borde y el rellenol

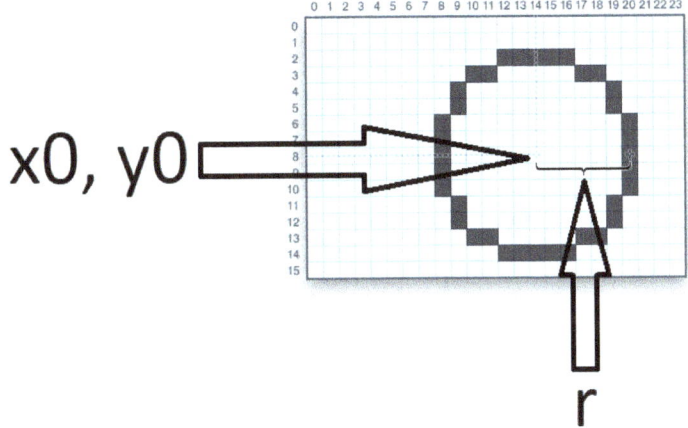

Rectángulo Redondeado
display.drawRoundRect(x0, y0, w, h, r, WHITE);

Solo dibuja el borde

display.fillRoundRect (x0, y0, w, h, r, WHITE);

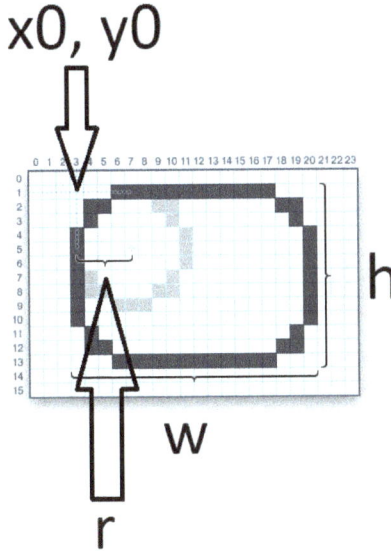

Dibuja el borde y el relleno

Triángulo
display.drawTriangle(x0, y0, x1, y1, x2, y2, WHITE);

Solo dibuja el borde

display.fillTriangle(x0, y0, x1, y1, x2, y2, WHITE);

Dibuja el borde y el relleno

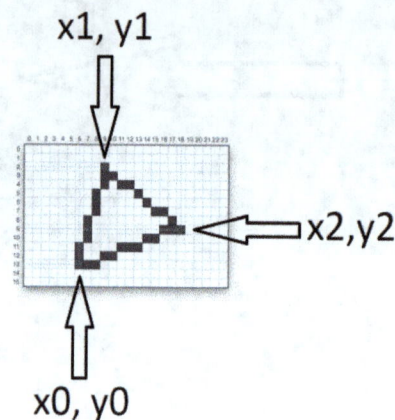

Texto
display.clearDisplay();

vacía la pantalla

display.setTextSize(3);

Tamaño de texto = 3

display.setTextColor(WHITE);

Color del texto (solo acepta WHITE)

display.setCursor(10, 20);

coordenadas (x,y) donde comienza el texto

display.println(F("dance"));

texto que aparecerá en la pantalla (dance)

display.display();

escribe el texto en la pantalla

delay(1000);

espera un segundo

Imágenes
La pantalla OLED puede mostrar imágenes de hasta 64 x 128 píxeles.

display.drawBitmap(0, 0, IMAGENAME, 128, 64, 1);

Coordenadas (x,y) de la esquina superior izquierda de la imagen

Tamaño de la imagen 128x64

Rotación

Cómo crear una imagen con Microsoft Paint
Abrir Paint

Cambiar el tamaño del área de dibujo a 128 x 64

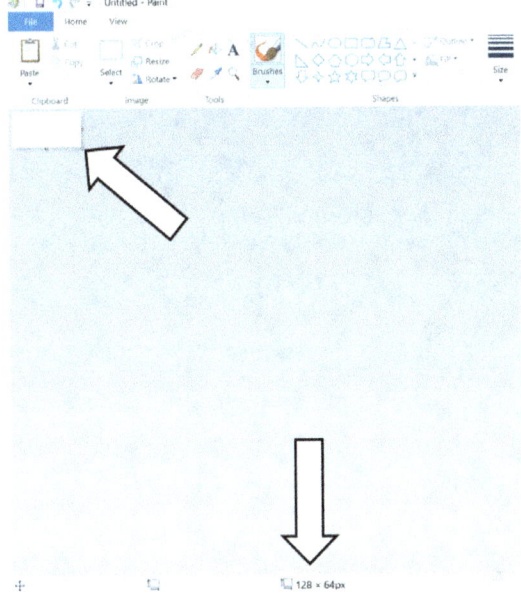

Ampliar el área de dibujo

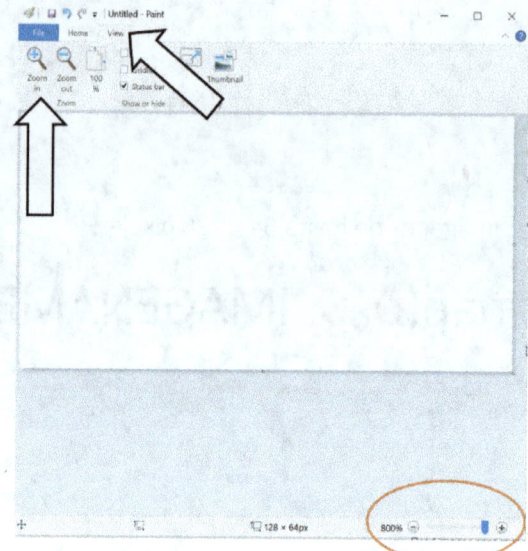

Pinte una imagen en NEGRO

Guarde la imagen en formato bitmap monocromo (*.bmp;*.dib)

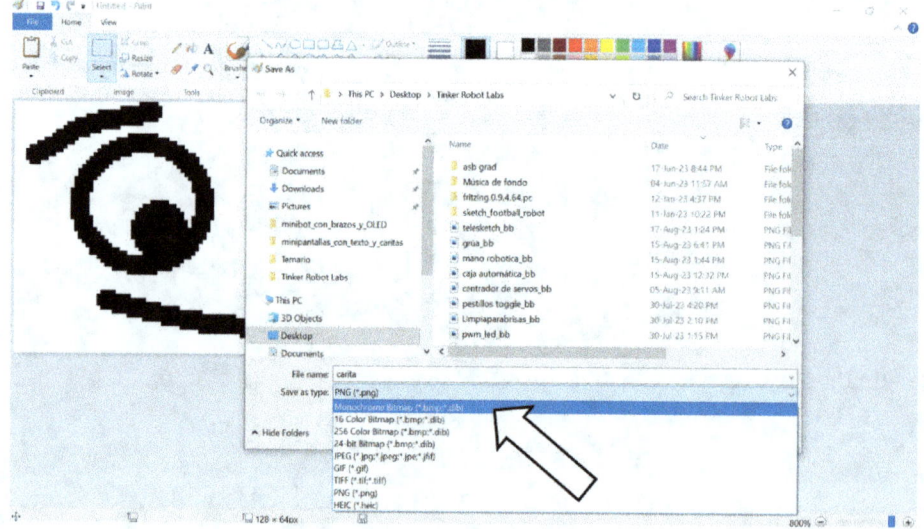

Abra: https://javl.github.io/image2cpp/

Seleccione la imagen que acaba de crear

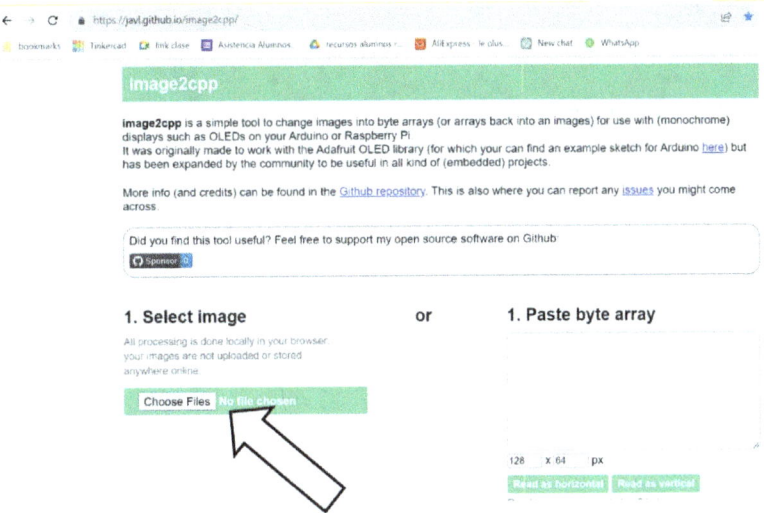

En "3 preview", chequée que la imagen se muestra.

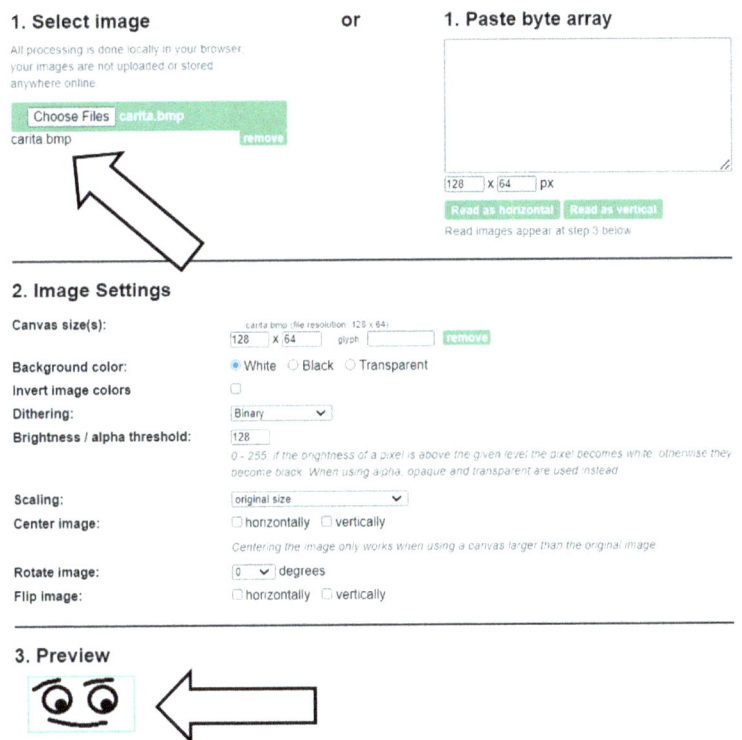

En "4 Output" elija "Plain bytes".

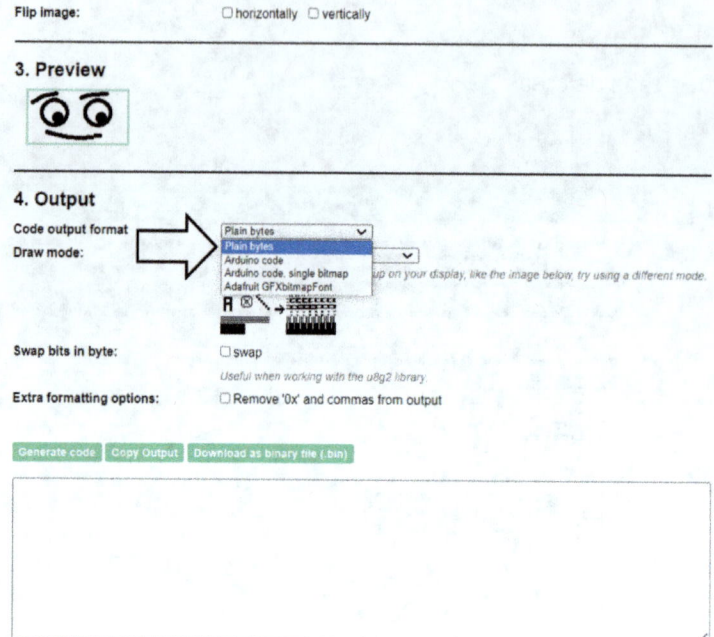

Click en el botón "Generate Code"

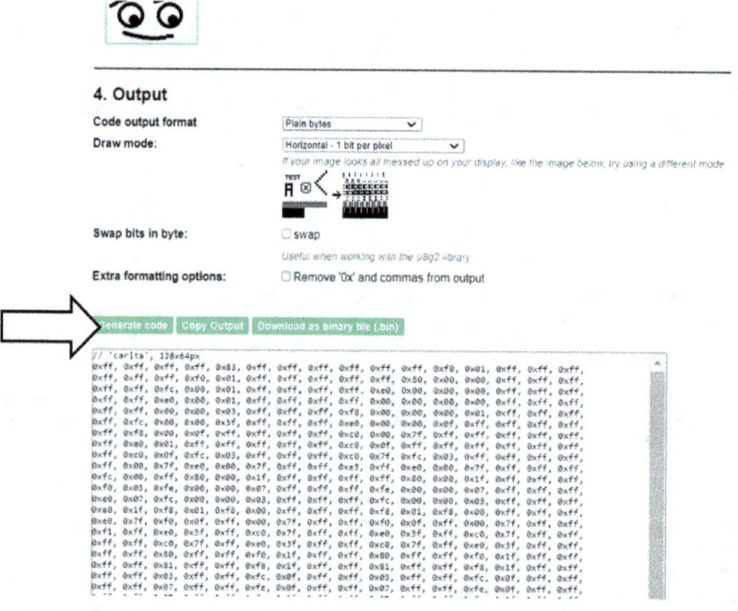

Copie el hexadecimal resultante

En el Programa:

Antes del VOID SETUP:

static const unsigned char PROGMEM NAME OF IMAGE[] = {

   //PEGUE LA IMAGEN HEXADECIMAL AQUÍ

… 0xff, 0x00, 0x00, 0x00, 0x00, 0xff, 0xff, 0xff, 0xff, 0xff, …

};

En el VOID LOOP

// Dibuje el bitmap en la pantalla

  display.drawBitmap(0, 0, IMAGE NAME, 128, 64, 1);

  display.display();

Capítulo 23: Telesketch

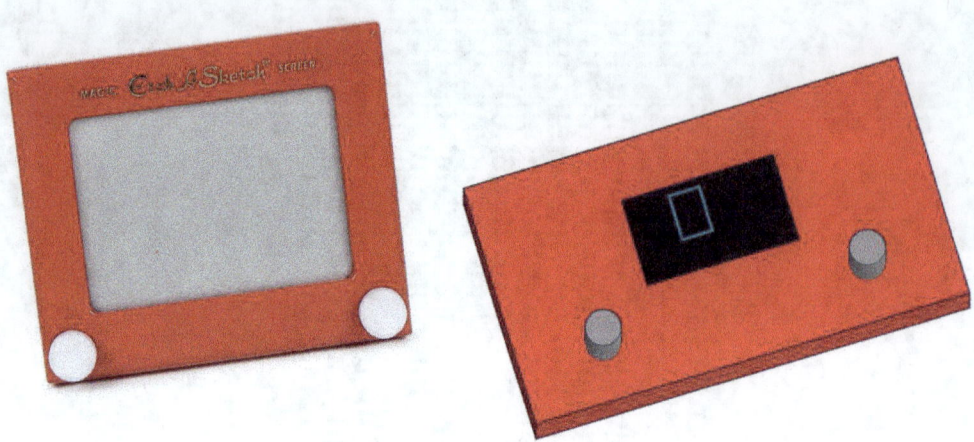

Descripción del Proyecto	El estudiante creará un Telesketch (Etch-a-sketch en algunos países) usando la pantalla OLED
Materias STEM a buscar en Internet	Investigar quién y dónde se inventó el Telesketch El Telesketch es un plotter. Investigar qué es un plotter
Componentes	Placa de prototipos Cable USB de programación Arduino Nano Cables Dupont macho-hembra Cables Dupont macho-macho Matriz MAX7219 8x8 LED 2 potenciómetros Pantalla OLED

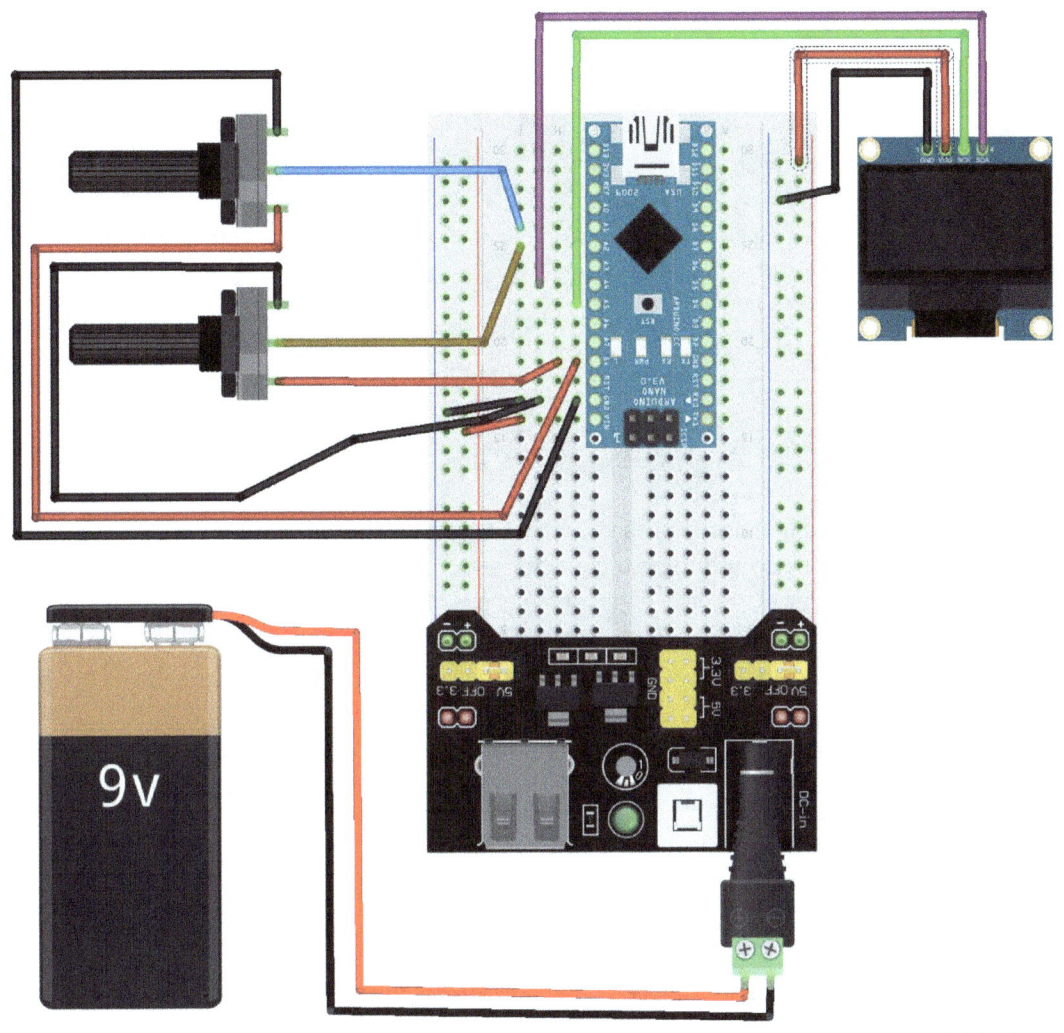

| Code | Código disponible también aquí: https://bit.ly/3AjYvaR |

```cpp
#include <Wire.h>
#include <Adafruit_SSD1306.h>
#include <Adafruit_GFX.h>

#define OLED_WIDTH 128
#define OLED_HEIGHT 64

#define OLED_ADDR 0x3C

//screen scl A5, sda A4

Adafruit_SSD1306 display(OLED_WIDTH, OLED_HEIGHT);

int potpinlr = 1;  // pin analógico usado para conectar el potenciómetro
int potpinud = 2; // pin analógico usado para conectar el potenciómetro
int valr;   // variable para leer el valor en el pin analógico
int valud;   // variable para leer el valor en el pin analógico

void setup() {
  display.begin(SSD1306_SWITCHCAPVCC, OLED_ADDR);
  display.clearDisplay();
}

void loop() {

  valr = analogRead(potpinlr);         // lee el valor del potenciómetro (valor entre 0 and 1023)
  valr = map(valr, 0, 1023, 0, 128);    // lo escala para usarlo con la pantalla (valor entre 128, 0
  valud = analogRead(potpinud);         // lee el valor del potenciómetro (valor entre 0 and 1023)
  valud = map(valud, 0, 1023, 0, 64);   // lo escala para usarlo con la pantalla (valor entre 0, 64)

//display.clearDisplay();
display.drawCircle(valr, valud, 0, WHITE);
display.display();
}
```

Capítulo 24: Minibot

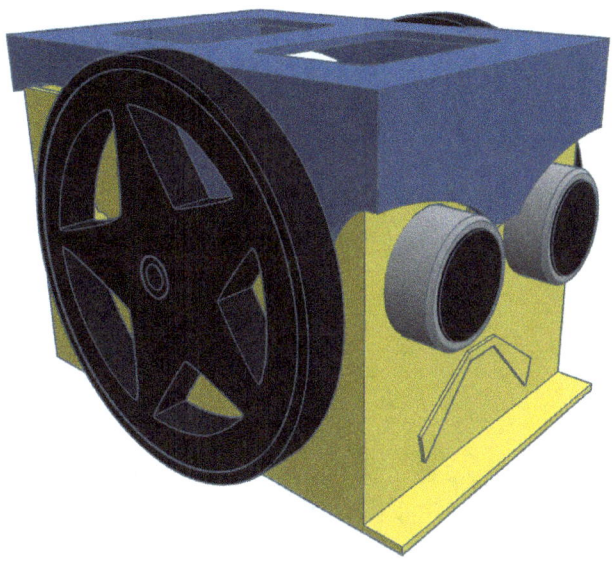

Descripción del Proyecto	El estudiante creará un robot que evite obstáculos utilizando servos de rotación continua y un telémetro ultrasónico. Al compilar el código, el estudiante descubrirá que hay una biblioteca adicional para instalar (newping). En esta etapa, el estudiante debería poder manejarla.
Materias STEM a buscar en Internet	¡La administración de energía en este robot es bastante caótica! Los servos de rotación continua necesitan una pila de 9 voltios muy nueva para poder comenzar a girar. Los servos necesitan algunos miliamperios adicionales de la pila para funcionar correctamente. Es posible que deba colocar 2 pilas de 9 voltios en PARALELO (no en SERIE). Investigue la relación entre voltios, amperios y vatios.
Componentes	Placa de prototipos Cable USB de programación Arduino Nano Cables Dupont macho-hembra Cables Dupont macho-macho Sensor ultrasónico de distancia. 2 Servos de rotación continua 3 Ruedas

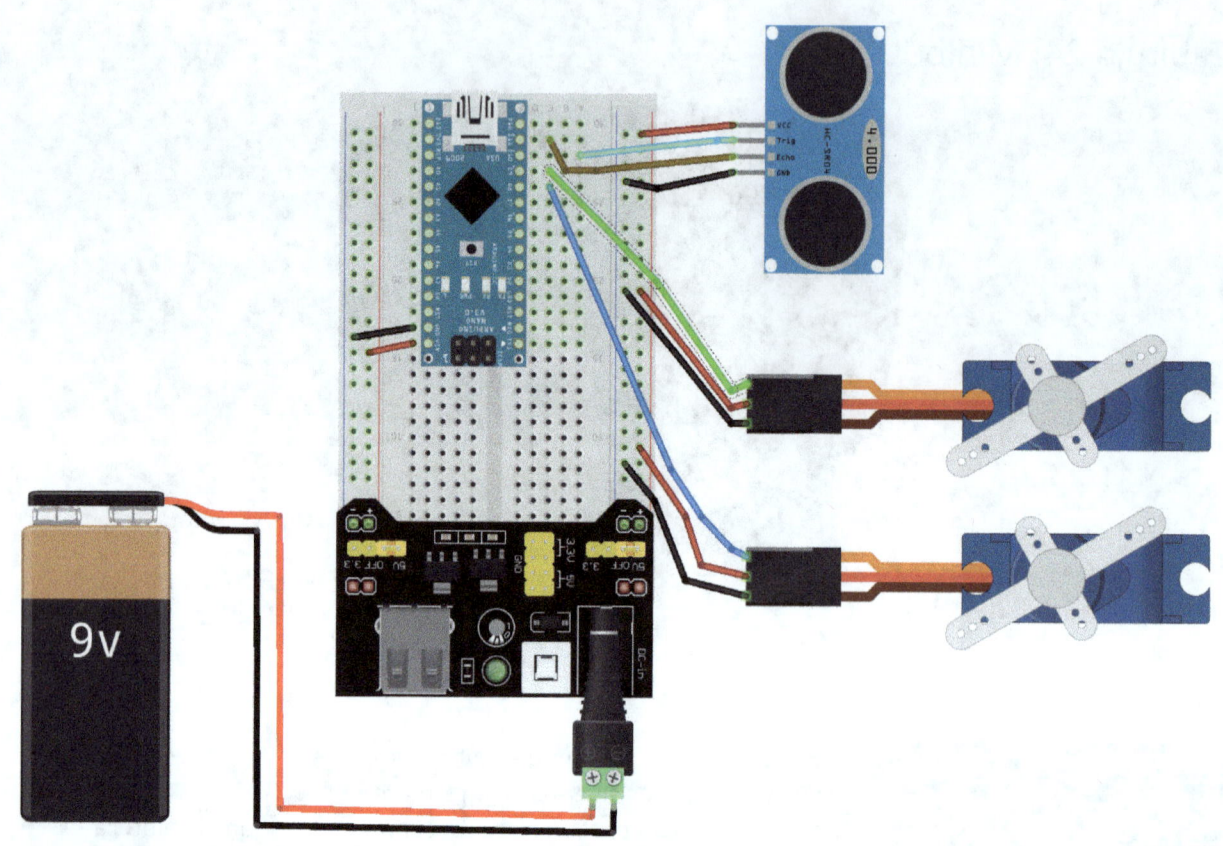

Code

Código disponible también aquí: https://bit.ly/3AjYvaR

```cpp
#include <NewPing.h>
#include <Servo.h>
#define trigPin 10
#define echoPin 11
#define MAX_DISTANCE 100

NewPing sonar(trigPin, echoPin, MAX_DISTANCE);
float duration, distance;

Servo ruedader;
Servo ruedaizq;


void setup() {
  Serial.begin(9600);

  ruedader.attach(9);
  ruedaizq.attach(8);
}

void loop() {
  delay(50); // Espera 50ms entre pings (20 pings/sec aprox.I). 29ms should be the shortest delay between pings.
  int iterations = 5;
duration = sonar.ping_median(iterations);
 // duration = sonar.ping();
  distance = sonar.ping_cm();

  Serial.print("Distance = ");
  Serial.print(distance); // Distance será 0 cuando esté fuera del máximo del rango.
  Serial.println(" cm");
if((distance<=15) && (distance>0))
  {
      ruedader.write(0);
      ruedaizq.write(0);

    }

  else{
      ruedader.write(0);
      ruedaizq.write(180);
  }
  delay(450);
}
```

Capítulo 25: Desafío Sumobot
1ª Parte: Crear la cara del robot

Llegamos al proyecto final del libro, en el cual daré solo vagas indicaciones de cómo construir el robot, ya que, con lo aprendido en este curso, el alumno tiene los conocimientos suficientes para construir el robot por sí mismo.

El concurso consiste en una batalla de robots en la que dos robots, colocados sobre una mesa, intentan inutilizar, volcar o tirar al otro robot fuera de la mesa.

Los robots sólo tienen un sensor de distancia ultrasónico para encontrar al otro robot y embestirlo. Los robots no tienen forma de saber si llegan al borde de la mesa.

En esta primera parte se proporciona **código a modo de ejemplo** que coloca texto e imágenes en la pantalla OLED que servirá como cara del robot. Esta cara del robot es solo para fines estéticos y se controla mediante un Arduino diferente al Arduino que se utilizará para mover el robot.

Descripción del Proyecto	El estudiante utilizará todo el contenido de este libro para crear un Sumobot que combatirá contra otros robots.
Materias STEM a buscar en Internet	In this project, the robot will try to find the opponent robot with the ultrasonic sensor and, once found, will attack the other robot until it disables it or knocks it off the table. What is the best search strategy? What are the best attack weapons?
Componentes	Placa de prototipos Cable USB de programación Arduino Nano Cables Dupont macho-hembra Cables Dupont macho-macho Pantalla OLED

| Code | Código disponible también aquí https://bit.ly/3AjYvaR |

```cpp
#include <SPI.h>
#include <Wire.h>
#include <Adafruit_GFX.h>
#include <Adafruit_SSD1306.h>

#define SCREEN_WIDTH 128 // ancho de pantalla OLED en píxeles
#define SCREEN_HEIGHT 64 // alto de pantalla OLED en píxeles

// Declaración para una pantalla SSD1306 conectada a I2C (SDA, SCL pins)
#define OLED_RESET     4 // Reset pin # (or -1 if sharing Arduino reset pin)
Adafruit_SSD1306 display(SCREEN_WIDTH, SCREEN_HEIGHT, &Wire, OLED_RESET);


#define LOGO_HEIGHT   64
#define LOGO_WIDTH    128

static const unsigned char PROGMEM logo2_bmp[] =
{0xff, 0xff, 0xff, 0xff, 0xff, 0xff, 0xff, 0xff, 0xff, 0xff, 0xff, 0xff, 0xff, 0xff, 0xff, 0xff,
0xff, 0xff, 0xff, 0xff, 0xff, 0xff, 0xff, 0xff, 0xff, 0xff, 0xff, 0xff, 0xff, 0xff, 0xff, 0xff,
0xff, 0xff, 0xff, 0xff, 0xff, 0xff, 0xff, 0xff, 0xff, 0xff, 0xff, 0xff, 0xff, 0xff, 0xff, 0xff,
0xff, 0xff, 0xff, 0xff, 0xff, 0xff, 0xff, 0xff, 0xff, 0xff, 0xff, 0xff, 0xff, 0xff, 0xff, 0xff,
0xff, 0xff, 0xff, 0x80, 0x7f, 0xff, 0xff, 0xff, 0xff, 0xff, 0xff, 0x00, 0xff, 0xff, 0xff, 0xff,
0xff, 0xff, 0xfe, 0x00, 0x1f, 0xff, 0xff, 0xff, 0xff, 0xfc, 0x00, 0x3f, 0xff, 0xff, 0xff,
0xff, 0xff, 0xf8, 0x00, 0x07, 0xff, 0xff, 0xff, 0xff, 0xff, 0xf0, 0x00, 0x0f, 0xff, 0xff, 0xff,
0xff, 0xff, 0xe0, 0x00, 0x01, 0xff, 0xff, 0xff, 0xff, 0xff, 0xc0, 0x00, 0x03, 0xff, 0xff, 0xff,
0xff, 0xff, 0xc0, 0x00, 0x00, 0xff, 0xff, 0xff, 0xff, 0xff, 0x80, 0x00, 0x01, 0xff, 0xff, 0xff,
0xff, 0xff, 0x80, 0x3f, 0x00, 0x7f, 0xff, 0xff, 0xff, 0x00, 0x7e, 0x00, 0xff, 0xff, 0xff,
0xff, 0xff, 0x00, 0xff, 0xc0, 0x3f, 0xff, 0xff, 0xff, 0xfe, 0x01, 0xff, 0x80, 0x7f, 0xff, 0xff,
0xff, 0xff, 0x03, 0xff, 0xf0, 0x3f, 0xff, 0xff, 0xff, 0xfe, 0x07, 0xff, 0xe0, 0x7f, 0xff, 0xff,
0xff, 0xfe, 0x07, 0xff, 0xf8, 0x1f, 0xff, 0xff, 0xff, 0xfc, 0x0f, 0xff, 0xf0, 0x3f, 0xff, 0xff,
0xff, 0xfc, 0x0f, 0xff, 0xfc, 0x0f, 0xff, 0xff, 0xff, 0xf8, 0x1f, 0xff, 0xf8, 0x1f, 0xff, 0xff,
0xff, 0xfc, 0x0f, 0xff, 0xfc, 0x0f, 0xff, 0xff, 0xff, 0xf8, 0x1f, 0xff, 0xf8, 0x1f, 0xff, 0xff,
0xff, 0xfc, 0x1f, 0xff, 0xfe, 0x07, 0xff, 0xff, 0xff, 0xf0, 0x3f, 0xff, 0xfc, 0x1f, 0xff, 0xff,
0xff, 0xf8, 0x1f, 0xff, 0xfe, 0x07, 0xff, 0xff, 0xff, 0xf0, 0x3f, 0xff, 0xfc, 0x0f, 0xff, 0xff,
0xff, 0xf8, 0x3f, 0xff, 0xff, 0x07, 0xff, 0xff, 0xff, 0xf0, 0x7f, 0xff, 0xfe, 0x0f, 0xff, 0xff,
0xff, 0xf8, 0x3f, 0xff, 0xff, 0x07, 0xff, 0xff, 0xff, 0xf0, 0x7f, 0xff, 0xfe, 0x0f, 0xff, 0xff,
0xff, 0xf0, 0x3f, 0xff, 0xff, 0x83, 0xff, 0xff, 0xff, 0xe0, 0xff, 0xff, 0xfe, 0x07, 0xff, 0xff,
0xff, 0xf0, 0x7f, 0xff, 0xff, 0x83, 0xff, 0xff, 0xff, 0xe0, 0xff, 0xff, 0xff, 0x07, 0xff, 0xff,
0xff, 0xf0, 0x7f, 0xff, 0xff, 0x83, 0xff, 0xff, 0xff, 0xe0, 0xff, 0xff, 0xff, 0x07, 0xff, 0xff,
0xff, 0xf0, 0x7f, 0xff, 0xff, 0x83, 0xff, 0xff, 0xff, 0xe0, 0xff, 0xff, 0xff, 0x07, 0xff, 0xff,
0xff, 0xff, 0xff, 0xff, 0xff, 0xff, 0xff, 0xff, 0xff, 0xff, 0xff, 0xff, 0xff, 0xff, 0xff, 0xff,
0xff, 0xff, 0xff, 0xff, 0xff, 0xff, 0xff, 0xff, 0xff, 0xff, 0xff, 0xff, 0xff, 0xff, 0xff, 0xff,
0xff, 0xff, 0xff, 0xff, 0xff, 0xff, 0xff, 0xff, 0xff, 0xff, 0xff, 0xff, 0xff, 0xff, 0xff, 0xff,
0xff, 0xff, 0xff, 0xff, 0xff, 0xff, 0xff, 0xff, 0xff, 0xff, 0xff, 0xff, 0xff, 0xff, 0xff, 0xff,
0xff, 0xff, 0xff, 0xff, 0xff, 0xff, 0xff, 0xff, 0xff, 0xff, 0xff, 0xff, 0xff, 0xff, 0xff, 0xff,
```

0xff, 0xff, 0xff, 0xff, 0xff, 0xff, 0xff, 0xff, 0xff, 0xff, 0xff, 0xff, 0xff, 0xff, 0xff, 0xff,
0xff, 0xff, 0xff, 0xff, 0xff, 0xff, 0xff, 0xff, 0xff, 0xff, 0xff, 0xff, 0xff, 0xff, 0xff, 0xff,
0xff, 0xff, 0xff, 0xff, 0xff, 0xff, 0xff, 0xff, 0xff, 0xff, 0xff, 0xff, 0xff, 0xff, 0xff, 0xff,
0xff, 0xff, 0xff, 0xff, 0xff, 0xff, 0xff, 0xff, 0xff, 0xff, 0xff, 0xff, 0xff, 0xff, 0xff, 0xff,
0xff, 0xff, 0xff, 0xff, 0xff, 0xff, 0xff, 0xff, 0xff, 0xff, 0xff, 0xff, 0xff, 0xff, 0xff, 0xff,
0xff, 0xff, 0xff, 0xff, 0xff, 0xff, 0xff, 0xff, 0xff, 0xff, 0xff, 0xff, 0xff, 0xff, 0xff, 0xff,
0xff, 0xff, 0xff, 0xff, 0xff, 0xff, 0xff, 0xff, 0xff, 0xff, 0xff, 0xff, 0xff, 0xff, 0xff, 0xff,
0xff, 0xff, 0xff, 0xff, 0xff, 0xff, 0xff, 0xff, 0xff, 0xff, 0xff, 0xff, 0xff, 0xff, 0xff, 0xff,
0xff, 0xff, 0xff, 0xff, 0xff, 0xff, 0xff, 0xff, 0xff, 0xff, 0xff, 0xff, 0xff, 0xff, 0xff, 0xff,
0xff, 0xff, 0xff, 0xff, 0xff, 0xff, 0xff, 0xff, 0xff, 0xff, 0xff, 0xff, 0xff, 0xff, 0xff, 0xff,
0xff, 0xff, 0xff, 0xff, 0xff, 0xff, 0xff, 0xff, 0xff, 0xff, 0xff, 0xff, 0xff, 0xff, 0xff, 0xff,
0xff, 0xff, 0xff, 0xff, 0xff, 0xff, 0xff, 0xff, 0xff, 0xff, 0xff, 0xff, 0xff, 0xff, 0xff, 0xff,
0xff, 0xff, 0xff, 0xff, 0xff, 0xff, 0xff, 0xff, 0xff, 0xff, 0xff, 0xff, 0xff, 0xff, 0xff, 0xff,
0xff, 0xff, 0xff, 0xff, 0xff, 0xff, 0xff, 0xff, 0xff, 0xff, 0xff, 0xff, 0xff, 0xff, 0xff, 0xff,
0xff, 0xff, 0xff, 0xff, 0xff, 0xff, 0xff, 0xff, 0xff, 0xff, 0xff, 0xff, 0xff, 0xff, 0xff, 0xff,
0xff, 0xff, 0xff, 0xff, 0xff, 0xff, 0xff, 0xff, 0xff, 0xff, 0xff, 0xff, 0xff, 0xff, 0xff, 0xff,
0xff, 0xff, 0xff, 0xff, 0xff, 0xff, 0xff, 0xff, 0xff, 0xff, 0xff, 0xff, 0xff, 0xff, 0xff, 0xff,
0xff, 0xff, 0xff, 0xff, 0xff, 0xff, 0xff, 0xff, 0xff, 0xff, 0xff, 0xff, 0xff, 0xff, 0xff, 0xff,
0xff, 0xff, 0xff, 0xff, 0xff, 0xff, 0xff, 0xff, 0xff, 0xff, 0xff, 0xff, 0xff, 0xff, 0xff, 0xff,
0xff, 0xff, 0xff, 0xff, 0xff, 0xff, 0xff, 0xff, 0xff, 0xff, 0xff, 0xff, 0xff, 0xff, 0xff, 0xff,
0xff, 0xff, 0xff, 0xff, 0xff, 0xff, 0xff, 0xff, 0xff, 0xff, 0xff, 0xff, 0xff, 0xff, 0xff, 0xff,
0xff, 0xff, 0xff, 0xff, 0xff, 0xff, 0xff, 0xff, 0xff, 0xff, 0xff, 0xff, 0xff, 0xff, 0xff, 0xff,
0xff, 0xff, 0xff, 0xff, 0xff, 0xff, 0xff, 0xff, 0xff, 0xff, 0xff, 0xff, 0xff, 0xff, 0xff, 0xff,
0xff, 0xff, 0xff, 0xff, 0xff, 0xff, 0xff, 0xff, 0xff, 0xff, 0xff, 0xff, 0xff, 0xff, 0xff, 0xff,
0xff, 0xff, 0xff, 0xff, 0xff, 0xff, 0xff, 0xff, 0xff, 0xff, 0xff, 0xff, 0xff, 0xff, 0xff, 0xff,
0xff, 0xff, 0xff, 0xff, 0xff, 0xff, 0xff, 0xff, 0xff, 0xff, 0xff, 0xff, 0xff, 0xff, 0xff, 0xff,
0xff, 0xff, 0xff, 0xff, 0xff, 0xff, 0xff, 0xff, 0xff, 0xff, 0xff, 0xff, 0xff, 0xff, 0xff, 0xff,
0xff, 0xff, 0xff, 0xff, 0xff, 0xff, 0xff, 0xff, 0xff, 0xff, 0xff, 0xff, 0xff, 0xff, 0xff, 0xff,
0xff, 0xff, 0xff, 0xff, 0xff, 0xff, 0xff, 0xff, 0xff, 0xff, 0xff, 0xff, 0xff, 0xff, 0xff, 0xff,
0xff, 0xff, 0xff, 0xff, 0xff, 0xff, 0xff, 0xff, 0xff, 0xff, 0xff, 0xff, 0xff, 0xff, 0xff, 0xff,
0xff, 0xff, 0xff, 0xff, 0xff, 0xff, 0xff, 0xff, 0xff, 0xff, 0xff, 0xff, 0xff, 0xff, 0xff, 0xff};

static const unsigned char PROGMEM logo_bmp[] =
{0xff, 0xff, 0xff, 0xff, 0xff, 0xff, 0xff, 0xff, 0xff, 0xff, 0xff, 0xff, 0xff, 0xff, 0xff, 0xff,
0xff, 0xff, 0xff, 0xff, 0xff, 0xff, 0xff, 0xff, 0xff, 0xff, 0xff, 0xff, 0xff, 0xff, 0xff, 0xff,
0xff, 0xff, 0xff, 0xff, 0xff, 0xff, 0xff, 0xff, 0xff, 0xff, 0xff, 0xff, 0xff, 0xff, 0xff, 0xff,
0xff, 0xff, 0xff, 0xff, 0xff, 0xff, 0xff, 0xff, 0xff, 0xff, 0xff, 0xff, 0xff, 0xff, 0xff, 0xff,
0xff, 0xff, 0xff, 0x80, 0x7f, 0xff, 0xff, 0xff, 0xff, 0xff, 0xff, 0x00, 0xff, 0xff, 0xff, 0xff,
0xff, 0xff, 0xfe, 0x00, 0x1f, 0xff, 0xff, 0xff, 0xff, 0xfc, 0x00, 0x3f, 0xff, 0xff, 0xff, 0xff,
0xff, 0xff, 0xf8, 0x00, 0x07, 0xff, 0xff, 0xff, 0xff, 0xf0, 0x00, 0x0f, 0xff, 0xff, 0xff, 0xff,
0xff, 0xff, 0xe0, 0x00, 0x01, 0xff, 0xff, 0xff, 0xff, 0xc0, 0x00, 0x03, 0xff, 0xff, 0xff, 0xff,

```
0xff, 0xff, 0xc0, 0x00, 0x00, 0xff, 0xff, 0xff, 0xff, 0xff, 0x80, 0x00, 0x01, 0xff, 0xff, 0xff,
0xff, 0xff, 0x80, 0x3f, 0x00, 0x7f, 0xff, 0xff, 0xff, 0xff, 0x00, 0x7e, 0x00, 0xff, 0xff, 0xff,
0xff, 0xff, 0x00, 0xff, 0xc0, 0x3f, 0xff, 0xff, 0xff, 0xfe, 0x01, 0xff, 0x80, 0x7f, 0xff, 0xff,
0xff, 0xff, 0x03, 0xff, 0xf0, 0x3f, 0xff, 0xff, 0xff, 0xfe, 0x07, 0xff, 0xe0, 0x7f, 0xff, 0xff,
0xff, 0xfe, 0x07, 0xff, 0xf8, 0x1f, 0xff, 0xff, 0xff, 0xfc, 0x0f, 0xff, 0xf0, 0x3f, 0xff, 0xff,
0xff, 0xfc, 0x0f, 0xff, 0xfc, 0x0f, 0xff, 0xff, 0xff, 0xf8, 0x1f, 0xff, 0xf8, 0x1f, 0xff, 0xff,
0xff, 0xfc, 0x0f, 0xff, 0xfc, 0x0f, 0xff, 0xff, 0xff, 0xf8, 0x1f, 0xff, 0xf8, 0x1f, 0xff, 0xff,
0xff, 0xfc, 0x1f, 0xff, 0xfe, 0x07, 0xff, 0xff, 0xff, 0xf0, 0x3f, 0xff, 0xfc, 0x1f, 0xff, 0xff,
0xff, 0xf8, 0x1f, 0xff, 0xfe, 0x07, 0xff, 0xff, 0xff, 0xf0, 0x3f, 0xff, 0xfc, 0x0f, 0xff, 0xff,
0xff, 0xf8, 0x3f, 0xff, 0xff, 0x07, 0xff, 0xff, 0xff, 0xf0, 0x7f, 0xff, 0xfe, 0x0f, 0xff, 0xff,
0xff, 0xf8, 0x3f, 0xff, 0xff, 0x07, 0xff, 0xff, 0xff, 0xf0, 0x7f, 0xff, 0xfe, 0x0f, 0xff, 0xff,
0xff, 0xf0, 0x3f, 0xff, 0xff, 0x83, 0xff, 0xff, 0xff, 0xe0, 0xff, 0xff, 0xfe, 0x07, 0xff, 0xff,
0xff, 0xf0, 0x7f, 0xff, 0xff, 0x83, 0xff, 0xff, 0xff, 0xe0, 0xff, 0xff, 0xff, 0x07, 0xff, 0xff,
0xff, 0xf0, 0x7f, 0xff, 0xff, 0x83, 0xff, 0xff, 0xff, 0xe0, 0xff, 0xff, 0xff, 0x07, 0xff, 0xff,
0xff, 0xf0, 0x7f, 0xff, 0xff, 0x83, 0xff, 0xff, 0xff, 0xe0, 0xff, 0xff, 0xff, 0x07, 0xff, 0xff,
0xff, 0xf0, 0x7f, 0xff, 0xff, 0x83, 0xff, 0xff, 0xff, 0xe0, 0xff, 0xff, 0xff, 0x07, 0xff, 0xff,
0xff, 0xf0, 0x7f, 0xfc, 0x1f, 0x83, 0xff, 0xff, 0xff, 0xe0, 0xfc, 0x1f, 0xff, 0x07, 0xff, 0xff,
0xff, 0xf0, 0x7f, 0xf0, 0x07, 0x83, 0xff, 0xff, 0xff, 0xe0, 0xf0, 0x07, 0xff, 0x07, 0xff, 0xff,
0xff, 0xf0, 0x7f, 0xe0, 0x03, 0x83, 0xff, 0xff, 0xff, 0xe0, 0xe0, 0x03, 0xff, 0x07, 0xff, 0xff,
0xff, 0xf0, 0x3f, 0xc0, 0x01, 0x83, 0xff, 0xff, 0xff, 0xe0, 0xc0, 0x01, 0xfe, 0x07, 0xff, 0xff,
0xff, 0xf8, 0x3f, 0xc0, 0x01, 0x07, 0xff, 0xff, 0xff, 0xf0, 0x40, 0x01, 0xfe, 0x0f, 0xff, 0xff,
0xff, 0xf8, 0x3f, 0x80, 0x00, 0x07, 0xff, 0xff, 0xff, 0xf0, 0x00, 0x00, 0xfe, 0x0f, 0xff, 0xff,
0xff, 0xf8, 0x1f, 0x80, 0x00, 0x07, 0xff, 0xff, 0xff, 0xf0, 0x00, 0x00, 0xfc, 0x0f, 0xff, 0xff,
0xff, 0xf8, 0x1f, 0x80, 0x00, 0x07, 0xff, 0xff, 0xff, 0xf0, 0x00, 0x00, 0xfc, 0x0f, 0xff, 0xff,
0xff, 0xfc, 0x0f, 0x80, 0x00, 0x0f, 0xff, 0xff, 0xff, 0xf8, 0x00, 0x00, 0xf8, 0x1f, 0xff, 0xff,
0xff, 0xfc, 0x0f, 0x80, 0x00, 0x0f, 0xff, 0xff, 0xff, 0xf8, 0x00, 0x00, 0xf8, 0x1f, 0xff, 0xff,
0xff, 0xfe, 0x07, 0xc0, 0x00, 0x1f, 0xff, 0xff, 0xff, 0xfc, 0x00, 0x01, 0xf0, 0x3f, 0xff, 0xff,
0xff, 0xff, 0x03, 0xc0, 0x00, 0x3f, 0xff, 0xff, 0xff, 0xfe, 0x00, 0x01, 0xe0, 0x7f, 0xff, 0xff,
0xff, 0xff, 0x00, 0xe0, 0x00, 0x3f, 0xff, 0xff, 0xff, 0xfe, 0x00, 0x03, 0x80, 0x7f, 0xff, 0xff,
0xff, 0xff, 0x80, 0x30, 0x00, 0x7f, 0xff, 0xff, 0xff, 0xff, 0x00, 0x06, 0x00, 0xff, 0xff, 0xff,
0xff, 0xff, 0xc0, 0x00, 0x00, 0xff, 0xff, 0xff, 0xff, 0xff, 0x80, 0x00, 0x01, 0xff, 0xff, 0xff,
0xff, 0xff, 0xe0, 0x00, 0x01, 0xff, 0xff, 0xff, 0xff, 0xff, 0xc0, 0x00, 0x03, 0xff, 0xff, 0xff,
0xff, 0xff, 0xf8, 0x00, 0x07, 0xff, 0xff, 0xff, 0xff, 0xff, 0xf0, 0x00, 0x0f, 0xff, 0xff, 0xff,
0xff, 0xff, 0xfc, 0x00, 0x0f, 0xff, 0xff, 0xff, 0xff, 0xff, 0xf8, 0x00, 0x1f, 0xff, 0xff, 0xff,
0xff, 0xff, 0xff, 0x80, 0x7f, 0xff, 0xff, 0xff, 0xff, 0xff, 0x00, 0xff, 0xff, 0xff, 0xff,
0xff, 0xff, 0xff, 0xff, 0xff, 0xff, 0xff, 0xff, 0xff, 0xff, 0xff, 0xff, 0xff, 0xff, 0xff, 0xff,
0xff, 0xff, 0xff, 0xff, 0xff, 0xff, 0xff, 0xff, 0xff, 0xff, 0xff, 0xff, 0xff, 0xff, 0xff, 0xff,
0xff, 0xff, 0xff, 0xff, 0xff, 0xff, 0xff, 0xff, 0xff, 0xff, 0xff, 0xff, 0xff, 0xff, 0xff, 0xff,
0xff, 0xff, 0xff, 0xff, 0xff, 0xff, 0xff, 0xff, 0xff, 0xff, 0xff, 0xff, 0xff, 0xff, 0xff, 0xff,
0xff, 0xff, 0xff, 0xff, 0xff, 0xff, 0xff, 0xff, 0xff, 0xff, 0xff, 0xff, 0xff, 0xff, 0xff, 0xff,
0xff, 0xff, 0xff, 0xff, 0xff, 0xff, 0xff, 0xff, 0xff, 0xff, 0xff, 0xff, 0xff, 0xff, 0xff, 0xff,
0xff, 0xff, 0xff, 0xff, 0xff, 0xff, 0xff, 0xff, 0xff, 0xff, 0xff, 0xff, 0xff, 0xff, 0xff, 0xff,
0xff, 0xff, 0xff, 0xff, 0xff, 0xff, 0xff, 0xff, 0xff, 0xff, 0xff, 0xff, 0xff, 0xff, 0xff, 0xff,
0xff, 0xff, 0xff, 0xff, 0xff, 0xff, 0xff, 0xff, 0xff, 0xff, 0xff, 0xff, 0xff, 0xff, 0xff, 0xff,
0xff, 0xff, 0xff, 0xff, 0xff, 0xff, 0xff, 0xff, 0xff, 0xff, 0xff, 0xff, 0xff, 0xff, 0xff, 0xff,
0xff, 0xff, 0xff, 0xff, 0xff, 0xff, 0xff, 0xff, 0xff, 0xff, 0xff, 0xff, 0xff, 0xff, 0xff, 0xff,
0xff, 0xff, 0xff, 0xff, 0xff, 0xff, 0xff, 0xff, 0xff, 0xff, 0xff, 0xff, 0xff, 0xff, 0xff, 0xff,
0xff, 0xff, 0xff, 0xff, 0xff, 0xff, 0xff, 0xff, 0xff, 0xff, 0xff, 0xff, 0xff, 0xff, 0xff, 0xff,
```

```
0xff, 0xff, 0xff, 0xff, 0xff, 0xff, 0xff, 0xff, 0xff, 0xff, 0xff, 0xff, 0xff, 0xff, 0xff,
0xff, 0xff, 0xff, 0xff, 0xff, 0xff, 0xff, 0xff, 0xff, 0xff, 0xff, 0xff, 0xff, 0xff, 0xff,
0xff, 0xff, 0xff, 0xff, 0xff, 0xff, 0xff, 0xff, 0xff, 0xff, 0xff, 0xff, 0xff, 0xff, 0xff,
0xff, 0xff, 0xff, 0xff, 0xff, 0xff, 0xff, 0xff, 0xff, 0xff, 0xff, 0xff, 0xff, 0xff, 0xff,
0xff, 0xff, 0xff, 0xff, 0xff, 0xff, 0xff, 0xff, 0xff, 0xff, 0xff, 0xff, 0xff, 0xff, 0xff,
0xff, 0xff, 0xff, 0xff, 0xff, 0xff, 0xff, 0xff, 0xff, 0xff, 0xff, 0xff, 0xff, 0xff, 0xff,
0xff, 0xff, 0xff, 0xff, 0xff, 0xff, 0xff, 0xff, 0xff, 0xff, 0xff, 0xff, 0xff, 0xff, 0xff,
0xff, 0xff, 0xff, 0xff, 0xff, 0xff, 0xff, 0xff, 0xff, 0xff, 0xff, 0xff, 0xff, 0xff, 0xff };

void setup() {
  Serial.begin(9600);

  // SSD1306_SWITCHCAPVCC = genera voltaje de la pantalla a partir de 3.3V internamente
  if(!display.begin(SSD1306_SWITCHCAPVCC, 0x3C)) { // Dirección 0x3D para 128x64
    Serial.println(F("SSD1306 falló la asignación"));
    for(;;); // No continúes, repite el proceso para siempre
  }

  // Muestra el contenido inicial del búfer de visualización en la pantalla --
  // La biblioteca inicializa esto con una pantalla de presentación de Adafruit.
  display.display();
  delay(2000); // Pausa de 2 seconds

  // Limpia el buffer
  display.clearDisplay();


  // Muestra el búfer de visualización en la pantalla. ¡DEBE llamar display() después de
  // Comandos de dibujo para hacerlos visibles en la pantalla!
  display.display();
  delay(2000);
  // display.display() NO es necesario después de cada comando de dibujo,
  // al menos que sea eso lo que se desee... En lugar de eso, puede agrupar un montón de
  // operaciones de dibujo y luego actualizar la pantalla de una sola vez llamando
  // display.display(). Estos ejemplos demuestran ambos enfoques...


}

void loop() {
 ojosabiertos();
  delay(3000);
 ojoscerrados();
 delay(300);
 ojosabiertos();
  delay(100);
 ojoscerrados();
 delay(300);
```

```
  ojosabiertos();
  delay(6000);
ojoscerrados();
delay(300);
texto();
delay (1000);
}
void ojosabiertos(void) {
  display.clearDisplay();

  display.drawBitmap(
    (display.width()  - LOGO_WIDTH ) / 2,
    (display.height() - LOGO_HEIGHT) / 2,
    logo_bmp, LOGO_WIDTH, LOGO_HEIGHT, 1);
  display.display();
  //delay(1000);
}

void ojoscerrados(void) {
  display.clearDisplay();

  display.drawBitmap(
    (display.width()  - LOGO_WIDTH ) / 2,
    (display.height() - LOGO_HEIGHT) / 2,
    logo2_bmp, LOGO_WIDTH, LOGO_HEIGHT, 1);
  display.display();
  //delay(1000);
}

void texto() {
  display.clearDisplay();
  display.setTextSize(3); // Escala normal 1:1 pixel
  display.setTextColor(WHITE); // Dibuja texto blanco
  display.setCursor(15, 20); // Comienza en la esquina superior izquierda
  display.println(F("START"));
  display.display();
  delay(1000);
  display.clearDisplay();
  display.setTextSize(3); // Escala normal 1:1 pixel
  display.setTextColor(WHITE); // Dibuja texto blanco
  display.setCursor(0, 20); // Comienza en la esquina superior izquierda
  display.println(F("BAILANDO"));
  display.display();
  delay(1000);
  display.clearDisplay();
  display.setTextSize(3); // Escala normal 1:1 pixel
  display.setTextColor(WHITE); // Dibuja texto blanco
  display.setCursor(40, 20); // Comienza en la esquina superior izquierda
```

```
    display.println(F("IN"));
    display.display();
    delay(1000);
    display.clearDisplay();
    display.setTextSize(3); // Escala normal 1:1 pixel
    display.setTextColor(WHITE); // Dibuja texto blanco
    display.setCursor(50, 20); // Empieza a escribir en ese pixel
    display.println(F("3"));
    display.display();
    delay(1000);
    display.clearDisplay();
    display.setTextSize(3); // Escala normal 1:1 pixel
    display.setTextColor(WHITE); // Dibuja texto blanco
    display.setCursor(50, 20); // Empieza a escribir en ese pixel
    display.println(F("2"));
    display.display();
    delay(1000);
    display.clearDisplay();
    display.setTextSize(3); // Escala normal 1:1 pixel
    display.setTextColor(WHITE); // Dibuja texto blanco
    display.setCursor(50, 20); // Empieza a escribir en ese pixel
    display.println(F("1"));
    display.display();
    delay(1000);
    display.clearDisplay();
    display.setTextSize(3); // Escala normal 1:1 pixel
    display.setTextColor(WHITE); // Dibuja texto blanco
    display.setCursor(50, 20); // Empieza a escribir en ese pixel
    display.println(F("GO!"));
    display.display();
    delay(1184);
}
```

Modifica el código anterior para poner tus mensajes y tus imágenes.

2ª Parte: Crear el resto del robot

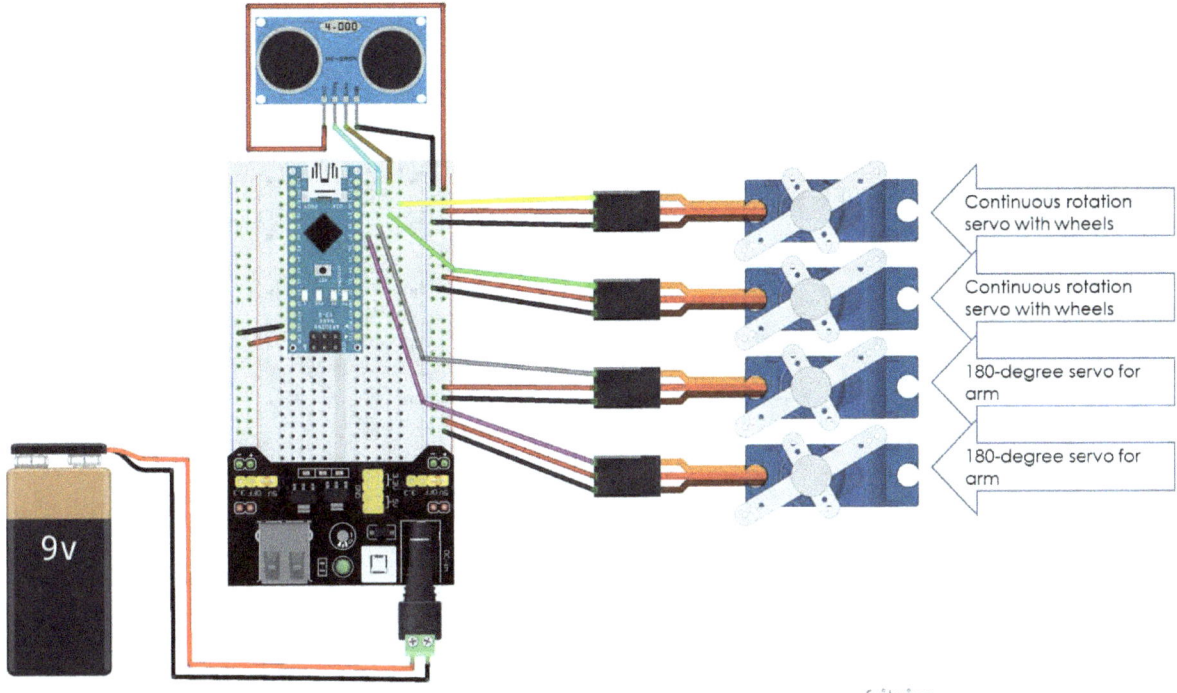

Code — Code also available here: https://bit.ly/3AjYvaR

```
#include <Servo.h>
#define trigPin 11
#define echoPin 12

Servo rightWheel; // Servo de rotación continua con rueda
Servo leftWheel; // Servo de rotación continua con rueda

Servo rightArm;
Servo leftArm;

void setup() {
  Serial.begin (115200);
  pinMode(trigPin, OUTPUT);
  pinMode(echoPin, INPUT);
  rightWheel.attach(9);
  leftWheel.attach(10);
  rightArm.attach(7);
  leftArm.attach(8);

  // Posicionar los servos de esta forma antes de empezar
  rightArm.write(0);  // Levanta los brazos y al cabo de 15ms para las ruedas
  leftArm.write(180);
  delay(15);
  rightWheel.write(90); // Stops
  leftWheel.write(90);
  delay(2000);
}

void loop() {
  digitalWrite(8, HIGH);
  int duration, distance, pos = 0, i;
  digitalWrite(trigPin, LOW);
  delayMicroseconds(2);
  digitalWrite(trigPin, HIGH);
  delayMicroseconds(10);
  digitalWrite(trigPin, LOW);
  duration = pulseIn(echoPin, HIGH);
  distance = (duration / 2) / 29.1;
  Serial.print(distance);
  Serial.println(" cm");

  if (distance <= 10) // si hay algo enfrente (menos de 10 cm)
  // Levanta los brazos y se miueve hacia delante durante medio segundo
  {
    rightArm.write(0);  // Levanta los brazos
```

```
  leftArm.write(180);
  delay(15);
  rightWheel.write(0);  // Se mueve hacia delante durante medio segundo
  leftWheel.write(180);
  delay(500);
  rightWheel.write(90); // Se para durante 50 ms
  leftWheel.write(90);
  delay(50);
  // ¿Qué debería hacer ahora?
  // Girar un poco y mirar de nuevo?
  // Moverse hacia atrás?
  // ¿Atacar con los brazos?
  // Insertar aquí el Código faltante
  }
else { // Si no ve al otro robot delante moverse hacia delante
// ¿Es correcta esta acción?
// ¿No debería mirar al otro robot, quizá girando sobre sí mismo?
// Insertar aquí el Código faltante
  rightWheel.write(0);
  leftWheel.write(180);
  rightArm.write(90);
  leftArm.write(90);
  }
  delay(200);
}
```

Concurso:
Se colocan 2 robots sobre una mesa para que luchen entre sí. El ganador es el que logra volcar al otro robot o el último que quede sobre la mesa.

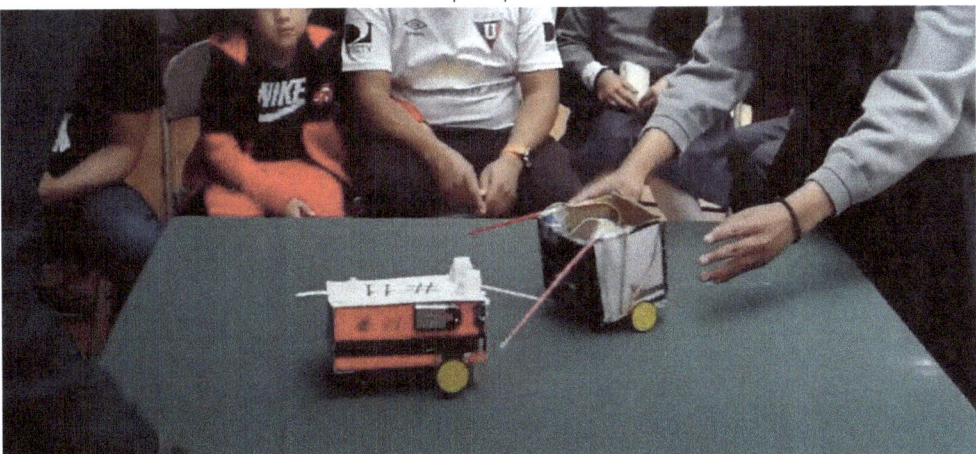

Connecticut, USA.

Agosto 2024

www.ingramcontent.com/pod-product-compliance
Lightning Source LLC
Chambersburg PA
CBHW062218220526
45471CB00009B/3249